CAGLIOSTRO

PRODIGES & SORTILÈGES

UNICURSAL

Copyright © 2018

Éditions Unicursal Publishers
www.unicursalpub.com

ISBN 978-2-89806-006-9

Première Édition, Mabon 2018

LOUIS FIGUIER

CAGLIOSTRO

PRODIGES & SORTILÈGES

UNICURSAL

CHAPITRE PREMIER

INFLUENCE QUE CERTAINS HOMMES PEUVENT EXERCER SUR D'AUTRES PAR LEUR SEULE VOLONTÉ — LES MIROIRS MAGIQUES — LE JUIF LÉON — CAGLIOSTRO À STRASBOURG

Entre les diverses merveilles, que l'histoire rapporte à une même cause, magnétisme, selon les uns, un agent surnaturel, selon les autres, la plus étonnante, sans doute, et, il faut le dire aussi, la plus redoutable, si elle venait à être bien constatée, serait cette influence que certains hommes pourraient, par leur seule volonté, exercer sur leurs semblables, au point de produire sur eux toutes sortes de sensations illusoires, d'affections réelles même, et jusqu'à d'importantes modifications physiques.

Dans le Paris philosophique du dix-huitième siècle, cinq ou six ans avant que Mesmer y apportât le magnétisme animal, la croyance aux prodiges et au surnaturel marchait de front avec le scepticisme religieux et l'Encyclopédie. Il y avait alors dans plusieurs quartiers, et des mieux hantés, de la capitale, des assemblées mystérieuses où des hommes, sortis on ne sait d'où, venaient vendre très chèrement des miroirs prétendus magiques, dans lesquels ils se faisaient fort de montrer les images des personnes chéries dont on regrettait la mort ou l'absence. Et, chose singulière !

plus d'un chaland fasciné crut voir, en effet, et témoigna qu'il voyait l'image évoquée de cette façon.

Un juif, nommé Léon, se fit remettre ainsi, par de riches dupes, plus de quarante mille livres. Quant au stratagème qu'il employait, voici l'idée qu'en donne un auteur contemporain, d'après un témoin oculaire :

« En 1772, un de mes amis, connaissant le goût que j'avais pour les choses extraordinaires, me proposa de me faire connaître un homme qui possédait un miroir constellé, au moyen duquel je verrais les personnes que je voudrais, vivantes ou mortes. Je rejetai sa proposition comme une extravagance. Deux mois après, d'autres personnes me parlèrent de cette singularité, comme d'un fait certain. Je me déterminai à l'aller voir. Je fus conduit chez un juif allemand nommé Léon, qui logeait en chambre garnie, rue de la Harpe. Ce juif commença d'abord par m'entretenir de sciences abstraites, et finit par me dire qu'on avait trouvé, à la mort d'une personne, une boîte dans laquelle il y avait un petit miroir et des caractères en langue inconnue, qu'on n'avait jamais pu déchiffrer. Il ajouta qu'après avoir examiné cette boîte avec plusieurs savants rabbins, ils avaient découvert que ce miroir était constellé, et qu'on pouvait y voir ce qu'on désirait. La boîte était un carré long d'environ dix pouces de longueur sur quatre ou cinq pouces de diamètre, et ressemblait à celles dans lesquelles les carmes du Luxembourg envoient leurs bouteilles d'eau en province. Elle s'ouvrait à une des extrémités. Il y avait dans le fond un petit miroir concave, autour duquel étaient marquées différentes figures hiéroglyphiques et des caractères qui paraissaient hébraïques.

« Le juif me dit que les personnes qui étaient nées au mois d'avril pouvaient y voir. Étant de ce mois, je proposai d'en faire l'essai ; il me fit d'abord répéter quelques prières en me plaçant dans un coin de la chambre ; après quoi, il me montra comment je devais tenir la boîte, et me recommanda d'avoir un désir ardent de voir ce que je voudrais. Après une demi-heure de contention, ne voyant rien, je lui en demandai la cause. Il me dit des injures, et me traita d'incrédule, d'homme sans mœurs, ajoutant que ce miroir n'avait aucune vertu aux mains de pareilles gens. Avant de me retirer, je lui proposai une personne qui avait toutes les qualités requises pour voir, et lui promis de l'amener ; nous convînmes du jour. J'y conduisis la personne, qui était un curieux de bonne foi, et sur qui je pouvais compter comme sur moi-même. Après les préliminaires accoutumés, il le plaça dans un coin de la chambre, lui recommanda la foi en l'Esprit qui présidait au prodige qu'il allait voir. Après un quart d'heure de réflexion, il lui demanda quel objet il désirait fixer. Le curieux lui nomma une personne qui n'était connue d'aucun de ceux qui étaient présents. Au moment même, il me dit qu'il la voyait dans son habillement et avec sa coiffure ordinaire. Le juif lui demanda s'il voulait voir d'autres personnes ; et sur la réponse qu'il fit qu'il désirait voir une dame, telle qu'elle était dans le moment, le juif mit un petit intervalle pour la cérémonie, et dit de regarder dans le miroir. Mon ami vit cette dame dans son appartement, avec un enfant qu'elle avait alors, reconnut la chambre et tous les meubles. Étonnés du prodige, nous restâmes dans la plus grande admiration. Notre surprise était d'autant plus grande que nous avions examiné ensemble si, par l'optique ou la catoptrique, on pourrait, à l'aide de moyens quelconques, retracer au fond de la boîte des objets peints et éloignés, ce qui était impossible. La boîte était tenue verticalement, elle n'avait que cinq pouces d'ouverture sur quatre, et le visage de la personne couvrait l'orifice de la boîte, le dos tourné vers le mur. Nous avions pris des renseignements sur le local de la chambre et sur celle qui était contiguë. D'après ces précautions, mon ami, persuadé de la vérité du prodige, sans pouvoir l'expliquer, forma le projet d'acheter le miroir, à quelque prix que ce fût, si le juif voulait répéter l'expérience dans un appartement de son hôtel. Il y consentit. L'expérience fut faite. Elle réussit aussi bien que la première. Il lui demanda le prix de ce miroir, qui ne valait pas plus de trente sous intrinsèquement. Le juif fit beaucoup de difficultés, disant que c'était un trésor pour lui, qui pouvait lui produire beaucoup. Enfin, après bien des débats, on convint à six mille livres, qui furent données après qu'on y eut vu encore une fois une autre personne. Notre premier soin fut de chercher des enfants nés sous la constellation désignée. Après bien des recherches, nous en trouvâmes un qui fut soumis à l'expérience, et qui voyait certains objets dans des instants, et qui ne voyait rien dans d'autres.

« Nous apprîmes, quelque temps après, que le juif continuait à recevoir du monde chez lui, et qu'il avait un second miroir. Nous fîmes des recherches : le résultat de nos informations fut qu'il en avait procuré à plusieurs seigneurs à des prix plus ou moins hauts, suivant l'envie qu'ils avaient témoignée d'en avoir, et

qu'il en avait déjà vendu pour quarante mille livres.
Cette découverte me déconcerta et me fit soupçonner
quelque supercherie. Je vis la plupart des personnes
qui en étaient pourvues, qui assuraient avoir vu dans
certains temps, et n'avoir rien vu dans d'autres. Elles
étaient toutes de bonne foi. Ce juif en avait vendu à
douze cents livres. Je fus le voir dans l'intention de lui
faire des reproches sur ce qu'il nous avait assuré que
ce miroir était unique. Il s'excusa en disant qu'à force
de travail et d'expériences, il était parvenu à en faire
de semblables, et qui produisaient le même effet. Je
trouvai chez lui beaucoup de gens qui non seulement
voyaient, disaient-ils, les personnes qu'ils avaient
demandées, qu'elles fussent vivantes ou mortes, éloignées ou non ; mais qui entendaient les réponses aux
demandes qu'ils leur faisaient, sans que personne se
doutât de la conversation.

« Tous ces gens me parurent suspects. J'y fis
connaissance avec une femme qui m'avoua enfin
que tout ce manège n'était qu'artificiel, et qu'elle
ne voyait et n'entendait rien. Cette découverte me
convainquit que ce juif n'était qu'un fourbe. Mais je
ne pouvais expliquer l'illusion de mon ami, dont la
bonne foi et la franchise m'étaient connues. Voici de
quelle manière je m'y pris pour découvrir la vérité :
je fis faire un miroir parfaitement semblable au sien.
Pour qu'ils fussent plus ressemblants, on l'exposa à
la fumée pendant quelque temps. Ces deux pièces se
ressemblaient si fort que je m'y trompais moi-même.
Je fis faire l'essai avec le nouveau miroir par plusieurs
personnes, qui virent de même que dans l'ancien.
Mon ami en fut aussi la dupe. Convaincu par cette

expérience que ce prétendu prodige n'était qu'une illusion, à laquelle un désir ardent de voir ce qu'on souhaitait donnait tout son effet, je fis part de ma découverte à mon ami, qui eut peine à revenir de son erreur. L'amour-propre blessé, le regret d'avoir donné son argent, et d'avoir perdu un bien qu'il croyait posséder seul, le tinrent longtemps en suspens. Enfin, il fut obligé de se rendre à la vérité. L'enthousiasme cessa, la tête se remit, et, avec la meilleure volonté, mon ami ne put plus rien voir ni dans l'un, ni dans l'autre miroir. Plusieurs personnes dans le même cas que lui, apprenant notre aventure, furent indignées, et leur illusion ayant cessé, elles ne virent plus rien dans leur miroir. Parmi celles-ci, il s'en trouva qui furent se plaindre à M. de Sartines, alors lieutenant de police, qui fit mettre les compères du juif à Bicêtre, et fit bannir celui-ci de France.»

Un peu de tolérance de la part de M. de Sartines, et tous ces miroirs allaient s'obscurcir d'eux-mêmes par respect pour un miroir plus éclatant, celui du fameux Cagliostro, déjà tout près de faire son entrée en France.

Comme ce personnage apparut sur la scène dans le temps même où elle était occupée par Mesmer, on a voulu faire de l'un le rival de l'autre, et l'on a prétendu que tous deux puisaient leurs prestiges à la même source. Cagliostro, moins restreint dans les applications qu'il savait faire de l'agent commun, plus encyclopédique que Mesmer, aurait, en quelque sorte, généralisé le magnétisme. Au fait, Cagliostro guérissait aussi bien que Mesmer, quoiqu'il fût sans titre et sans autre mission que celle qu'il s'était donnée ; mais il guérissait sans passes, sans baguettes de fer, sans manipulations, sans baquet, et tout simplement en touchant, ce qui le rapprochait plus de Gassner et de Greatrakes que de Mesmer. Autre différence : Cagliostro n'exploitait point ses malades, au contraire. Dans toutes les villes où il devait passer, de confortables cliniques étaient préparées par ses agents et à ses frais, et là, tous ceux qui venaient lui demander leur guérison, la recevaient de sa main, avec des secours pour leurs besoins et même pour ceux de leurs familles. Cagliostro était prodigue, et il le prouvait par les larges aumônes qu'il semait sur son passage. Du reste, profondément muet sur l'origine de sa fortune, il gardait le même silence sur la nature de son agent, et ne livrait rien à discuter aux savants, aux médecins ni aux académies. Il procédait avec audace, agissait d'autorité, et produisait partout un étonnement qui fit, sans aucun doute, une bonne part de son succès. Le roi Louis XVI, qui se moquait de Mesmer, déclarait coupable de lèse-majesté quiconque ferait injure à Cagliostro. Ce sublime charlatan n'eut donc pas, à ce titre, de démêlé avec M. de Sartines et ses successeurs.

Mais les cures médicales de Cagliostro n'étaient qu'un hors-d'œuvre dans sa carrière de magnétiseur universel, ou tout au plus un moyen calculé pour se mettre en crédit parmi la foule. Sa belle stature et sa haute mine, relevées par un costume de la plus bizarre magnificence, sa nombreuse suite et le grand train qu'il menait dans ses voyages, attiraient naturellement sur lui tous les yeux, et disposaient les esprits vulgaires à une admiration idolâtre. Sa plus grande force était dans la fascination puissante qu'il exerçait sur tout ce qui approchait de lui. On lui prêtait toutes sortes de sciences et de facultés merveilleuses. Voici sous quels traits le peignait un contemporain qui assurait l'avoir connu particulièrement :

« Docteur initié dans l'art cabalistique, dans cette partie de l'art qui fait commercer avec les peuples élémentaires, avec les morts et les absents ; il est Rose-Croix, il possède toutes les sciences humaines, il est expert dans la transmutation des métaux, et principalement du métal de l'or ; c'est un sylphe bienfaisant, qui traite les pauvres pour rien, vend pour quelque chose l'immortalité aux riches, renferme, par ses courses vagabondes, les espaces immenses des lieux dans le court espace des heures[1]. »

Si, à quelques-unes de ces qualités, les alchimistes de l'époque devaient reconnaître un successeur ou un adepte du sublime souffleur Lascaris, il en est d'autres auxquelles les médiums actuels de l'Amérique et de l'Europe pourraient reconnaître leur prédécesseur et même leur maître. Nous verrons, en effet, que Cagliostro a produit, sans l'emploi des tables, les plus étonnants miracles qui aient été admirés de nos jours dans les médiums et leur entourage.

Bordes, dans ses Lettres sur la Suisse, qualifie Cagliostro d'homme admirable. « Sa figure, dit-il, annonce l'esprit, décèle le génie ; ses yeux de feu lisent au fond des âmes. Il sait presque toutes les langues de l'Europe et de l'Asie ; son éloquence étonne, entraîne, même dans celles qu'il parle le moins bien. »

[1] *Tableau de Paris*, t. II, p. 307.

La Gazette de conté complétait la peinture de ce personnage par quelques traits plus vulgaires, mais plus caractéristiques :

« M. le comte de Cagliostro est possesseur, dit-on, des secrets merveilleux d'un fameux adepte qui a trouvé l'Élixir de vie... M. le comte est peint en habit oriental. Son portrait se voit toujours à Médine, chez le Grand Seigneur ; il ne se couche jamais que dans un fauteuil ; il ne fait qu'un repas avec des macaronis. Il apporte la véritable médecine et chimie égyptienne, et propose cinquante mille écus pour fonder un hôpital égyptien. Il ne communique point avec les gens de l'art ; mais, pour se distinguer d'eux, il guérit gratuitement. On nomme M. le chevalier de I... qui se dit ressuscité par lui. Son remède est, dit-on, le même qu'appliquait, il y a quelques années, un fameux opérateur qui avait des montres pour boutons, à l'instar de la femme d'un autre qui portait des montres à carillon dans des pendants d'oreilles. Obligé de quitter la Russie par la jalousie du premier médecin de l'impératrice, M. le comte de Cagliostro lui proposa un singulier duel ; c'était de composer, chacun de son côté, quatre pilules avec le poison le plus violent possible. « Je prendrai les vôtres, dit-il au docteur russe, j'avalerai par-dessus une goutte de mon élixir, et je me guérirai ; vous prendrez les miennes, et guérissez-vous si vous le pouvez... » Un cartel si raisonnable ne fut point accepté. »

Cagliostro venait, en effet, de Russie, lorsqu'il arriva en France. On raconte que, pendant son séjour à Saint-Pétersbourg, il souffrit, et même protégea les assiduités du ministre Potemkin auprès de sa femme

Lorenza, ou Seraphina, car elle est connue sous ces deux noms. Potemkin avait donné une somme considérable pour acheter le silence de Cagliostro. Mais la tzarine Catherine II, ayant eu vent de cette intrigue, donna une somme plus forte, et obtint l'éloignement de sa rivale.

Par prudence ou par discrétion, Cagliostro ne se rendit pas d'abord à Paris, qui, à cette époque (1780), appartenait tout entier à Mesmer. Tout au plus, y vint-il une ou deux fois incognito pendant les quatre premières années de son séjour en France. Ce fut Strasbourg qu'il choisit pour sa résidence. Cette ville, principal théâtre de ses opérations, est la même où, deux ou trois ans plus tard, on verra se former, par les soins et les leçons du comte de Puységur, deux des plus grandes sociétés magnétiques qui aient existé en Europe. Cagliostro propageait, dit-on, la haute maçonnerie. Il avait reçu ou pris, en Angleterre, le nom de grand cophte, c'est-à-dire chef suprême de la franc-maçonnerie égyptienne, branche nouvelle qu'il voulait greffer sur l'ancienne franc-maçonnerie européenne. À Strasbourg, il ne s'occupa pas de former des adeptes dans la franc-maçonnerie ; mais sans y penser, il en préparait pour Mesmer son rival. Cette société de Strasbourg, qu'il étonna si longtemps, ces médecins, ces savants, ces grands seigneurs qui, d'après le témoignage d'un contemporain, « se faisaient gloire de manier sa spatule, » et qu'il laissa pleins de foi au merveilleux, n'étaient-ils pas, en effet, autant d'élèves dociles et tout préparés à recevoir l'enseignement magnétique des élèves de Mesmer ?

Ce fut le 19 septembre 1780, que Cagliostro fit son

entrée dans la capitale de l'Alsace. Dès le matin, un nombre considérable de gens du peuple et de bourgeois étaient sortis de la ville, et debout sur le pont de Kehl, ou attablés dans les guinguettes voisines, ils devisaient sur le prodigieux personnage que l'on attendait. On lui donnait diverses origines. On racontait ses longs voyages en Asie, en Afrique et en Europe. On parlait des richesses immenses qu'il avait amassées en changeant en or les métaux vils. Pour les uns, c'était un saint, un inspiré, un prophète qui avait le don des miracles. Pour les autres, toutes les cures qu'on lui attribuait devaient s'expliquer naturellement comme le résultat de sa vaste science. Un troisième groupe, et ce n'était pas le moins nombreux, ne voyait en lui qu'un génie infernal, un diable expédié en mission sur la terre. Mais, çà et là, se rencontraient, dans cette classe même, des gens plus favorables à Cagliostro, et qui, considérant qu'après tout, il ne faisait que du bien aux hommes, en inféraient assez logiquement que ce devait être un bon génie. Ils admettaient donc et soutenaient intrépidement tout ce que cet étrange personnage disait ou faisait dire de lui-même. Or, il avait proclamé qu'il était venu et qu'il voyageait en Europe pour convertir les incrédules et relever le catholicisme. Il assurait que Dieu, pour le mettre à même de justifier sa mission, lui avait donné le pouvoir d'opérer des prodiges, et même avait daigné le gratifier de la vision béatifique. On disait, en effet, qu'il avait de fréquents entretiens avec les anges !...

« Des entretiens avec les anges, s'écria un vieillard qui, sans appartenir à aucun groupe, avait recueilli et médité silencieusement tout ce qui s'était dit jusque-là ; des entretiens avec les anges !... Mais quel est donc l'âge de cet homme ?

—L'âge de notre père Adam, ou celui de M. le comte de Saint-Germain, lui répondit un de ses voisins en le persiflant ; je vous trouve plaisant, bon homme, avec votre question. Est-ce qu'il y a un extrait de baptême pour de pareils personnages ? Sachez qu'ils n'ont aucun âge, ou qu'ils ont toujours celui qu'il leur plaît d'avoir. On dit que M. le comte de Cagliostro a plus de trois mille ans, mais qu'il n'en paraît guère que trente-six.

—Trente-six ans ! Ouais, se dit tout bas le vieillard, mon coquin aurait à peu près cet âge ; il faut absolument que je voie cet homme. »

Pendant ces colloques, l'homme si curieusement attendu, le grand cophte était arrivé au pont de Kehl, au milieu d'un nombreux cortège de laquais et de valets de chambre en livrées magnifiques. Il étalait le luxe d'un prince, et il savait d'ailleurs en prendre l'air et la dignité. À côté de lui, dans une voiture découverte, Seraphina Feliciani, sa femme, brillait de tous les charmes de la jeunesse et de la beauté. Unie à lui presque au sortir de l'enfance, elle partageait, depuis dix ans, sa vie d'aventures. L'entrée de Cagliostro dans Strasbourg fut un véritable triomphe. Elle fut à peine contrariée par un incident, qui n'eut d'autre suite que de faire éclater tout d'abord la puissance du grand cophte ou sa merveilleuse habileté dans l'emploi de la ventriloquie.

Au moment où le cortège était arrivé à la hauteur

du pont de Kehl, un cri partit du milieu des groupes, et presque aussitôt, un vieillard en sortit ; il se précipita au-devant des chevaux, et, arrêtant la voiture, il s'écria :

« C'est Joseph Balsamo, c'est mon coquin. » Et l'apostrophant avec colère, il répétait ces mots : mes soixante onces d'or ! mes soixante onces d'or !

Le grand cophte parut calme ; à peine songea-t-il à jeter un coup d'œil sur cet agresseur téméraire ; mais au milieu du silence profond que cet incident avait produit dans la foule, on entendit distinctement ces paroles, qui semblaient tomber du haut des airs :

« Écartez du chemin cet insensé, que les esprits infernaux possèdent ! »

La plupart des assistants tombèrent à genoux, terrifiés par l'imposant aspect de ses traits. Ceux qui purent rester maîtres d'eux-mêmes, s'emparèrent du pauvre vieillard qui fut entraîné, et rien ne troubla plus l'entrée triomphale du grand cophte au milieu de la ville en fête.

Le cortège s'arrêta devant une grande salle où se trouvaient déjà tous les malades que les émissaires de Cagliostro avaient recrutés d'avance. On avait eu le soin d'écarter ceux qui étaient atteints d'affections graves, se réservant de les secourir à domicile. On assure que le fameux empirique guérit tous ceux qui étaient rassemblés dans cette salle, « les uns par le simple attouchement, les autres par des paroles, ceux-ci par le moyen d'un pourboire en argent, ceux-là par son remède universel. »

Mais ce remède, en quoi consistait-il ? Faut-il s'en

rapporter sur ce point à ce qui est affirmé dans la Biographie de Michaud, par un auteur anonyme, qui prétend savoir que l'élixir de Cagliostro était uniquement composé d'or et d'aromates : « Nous avons eu l'occasion, dit cet écrivain, de goûter l'élixir vital de Cagliostro, ainsi que celui du fameux comte de Saint-Germain ; ils n'ont point d'autre base que l'or et les aromates. » Voilà qui est bientôt dit, perspicace anonyme !

Quoi qu'il en soit, lorsque Cagliostro sortit de la salle des malades, les acclamations et les bénédictions de la foule l'accompagnèrent jusqu'à l'hôtel splendide qui lui avait été préparé, et dans lequel il allait produire d'autres merveilles, tout à fait analogues à ces phénomènes de magnétisme transcendant que nous avons à passer en revue dans ce volume.

Pour ce genre de manifestations, Cagliostro ne pouvait opérer que par l'intermédiaire d'un jeune garçon ou d'une jeune fille, qu'il appelait ses colombes, et qui jouaient le rôle de nos médiums actuels. Les colombes, ou les pupilles de Cagliostro, devaient être de la plus pure innocence. Ces enfants, choisis par lui, recevaient d'abord de ses mains une sorte de consécration ; puis ils prononçaient, devant une carafe pleine d'eau, les paroles qui évoquent les anges. Bientôt les esprits célestes se montraient pour eux dans la carafe. Aux questions qui leur étaient faites, les anges répondaient quelquefois eux-mêmes, et d'une voix intelligible ; mais, le plus souvent, ces réponses arrivaient écrites dans la carafe, à fleur d'eau, et n'étaient visibles que pour les colombes qui devaient les lire au public.

Le soir même de son arrivée, Cagliostro reçut à une table somptueusement servie, l'élite de la société de Strasbourg, à laquelle il donna ensuite une séance de ses colombes. Voici comment, d'après le témoignage des contemporains, un anonyme raconte cette soirée.

« On amena dans le salon de Cagliostro, éclairé par des procédés où l'optique et la fantasmagorie jouaient un grand rôle, plusieurs petits garçons et plusieurs petites filles de sept à huit ans. Le grand cophte choisit dans chaque sexe la colombe qui lui parut montrer le plus d'intelligence ; il livra les deux enfants à sa femme, qui les emmena dans une salle voisine où elle les parfuma, les vêtit de robes blanches, leur fit boire un verre d'élixir et les représenta ensuite préparés à l'initiation.

« Cagliostro ne s'était absenté qu'un moment pour rentrer sous le costume de grand cophte. C'était une robe de soie noire, sur laquelle se déroulaient des légendes hiéroglyphiques brodées en rouge ; il avait une coiffure égyptienne avec des bandelettes plissées et pendantes après avoir encadré la tête ; ces bandelettes étaient de toile d'or. Un cercle de pierreries les retenait au front. Un cordon vert émeraude, parsemé de scarabées et de caractères de toutes couleurs en métaux ciselés, descendait en sautoir sur sa poitrine. À une ceinture de soie rouge pendait une large épée de chevalier avec la poignée en croix. Il avait une figure si formidablement imposante sous cet appareil, que toute l'assemblée fit silence dans une sorte de terreur. On avait placé sous une petite table ronde en ébène la carafe de cristal. Suivant le rite, on mit derrière les deux enfants, transformés en pupilles ou colombes, un paravent pour les abriter.

« Deux valets de chambre, vêtus en esclaves égyptiens, comme ils sont représentés dans les sculptures de Thèbes, fonctionnaient autour de la table. Ils amenèrent les deux enfants devant le grand cophte, qui leur imposa les mains sur la tête, sur les yeux et sur la poitrine, en faisant silencieusement des signes bizarres qui pouvaient figurer aussi des hiéroglyphes, et que l'Ordre appelait des mythes, ou symboles.

« Après cette première cérémonie, un des valets présenta à Cagliostro la petite truelle d'or, sur un coussin de velours blanc. Il frappa du manche d'ivoire de sa truelle sur la table d'ébène, et demanda :

« Que fait, en ce moment, l'homme qui, ce matin, aux portes de la ville, a insulté le grand cophte ? »

« Les colombes regardèrent dans la carafe, et apparemment elles y virent quelque chose, car la petite fille s'écria : "Je l'aperçois qui dort."

« On a prétendu que le dessous de la table était préparé de manière à faire passer sous la carafe des figures et des caractères. Ce qui le ferait croire, c'est que, dans les cas qui sortaient du cours ordinaire des réponses banales, les enfants ne voyaient rien. Mais alors, la voix des anges invisibles répondait.

« Sur l'invitation de Cagliostro, qui annonça qu'on pouvait faire toute question, plusieurs dames s'émurent. L'une demanda ce que faisait sa mère, alors à Paris. La réponse fut qu'elle était au spectacle entre deux vieillards. Une autre voulut savoir quel était l'âge de son mari. Il n'y eut point de réponse, ce qui fit pousser de grands cris d'enthousiasme, car cette dame n'avait point de mari, et l'échec de cette tentative de piège fit qu'on n'en tendit pas d'autres. Une troisième dame déposa un billet fermé. Le petit garçon lut aussitôt dans la carafe ces mots : "Vous ne l'obtiendrez pas." On ouvrit le billet qui demandait si le régiment que la dame sollicitait pour son fils lui serait accordé. Cette justesse éleva encore l'admiration.

« Un juge, qui pourtant doutait, envoya secrètement son fils à sa maison pour savoir ce que faisait, en ce moment, sa femme ; puis, quand il fut parti, le père adressa cette question au grand cophte. La carafe n'apprit rien ; mais une voix annonça que la dame jouait aux cartes avec deux voisines. Cette voix mystérieuse, qui n'était produite par aucun organe visible, jeta la terreur dans une partie de l'assemblée, et le fils du magistrat étant venu confirmer l'exactitude de l'oracle, plusieurs dames effrayées se retirèrent. »

Pendant près de trois ans que Cagliostro demeura à Strasbourg, il se vit recherché et fêté par les plus grandes notabilités de la noblesse, de la magistrature, de l'église et de la science. L'auteur des Lettres sur la Suisse, que nous avons déjà cité, et qui voulut le voir à l'œuvre, s'exprime ainsi sur ce personnage extraordinaire :

« On ne sait d'où il est, ce qu'il est, et où il va. Aimé, chéri, respecté..., passant sa vie à voir des malades, surtout des pauvres, les aidant de ses remèdes, qu'il distribue gratis, et de sa bourse pour avoir des bouillons ; mangeant fort peu, et presque toujours des pâtes d'Italie ; ne se couchant jamais, et ne dormant guère que deux ou trois heures dans un fauteuil... cet homme incroyable tient un état d'autant plus étonnant, qu'il paye tout d'avance, et qu'on ne sait d'où il tire ses revenus, ni qui lui fournit de l'argent... Je ne vous dirai rien de ses cures merveilleuses... Vous saurez seulement que, sur plus de quinze mille malades qu'il a traités, ses ennemis les plus forcenés ne lui reprochent que trois morts. Je sors de son audience... Représentez-vous une salle immense, remplie de malheureuses créatures, presque toutes privées de tout secours. Il les écoute l'une après l'autre, n'oublie pas une seule de leurs paroles, sort pour quelques moments, rentre bientôt chargé d'une foule de remèdes, qu'il dispensa à chacun de ces infortunés, en leur répétant ce qu'ils ont dit de leur maladie... La bourse du sensible comte est partagée entre eux ; il semble qu'elle soit inépuisable. »

Cagliostro reçut aussi la visite d'un autre Suisse, le célèbre Lavater, qui prétendait, par le seul aspect des physionomies, deviner le caractère des hommes. Mais, comme si le grand cophte eût craint de se livrer à lui comme sujet d'observation, il l'accueillit, ou pour ainsi dire, il l'éconduisit par ce dilemme :

« Si vous êtes le plus instruit de nous deux, vous n'avez pas besoin de moi ; si c'est moi qui le suis, je n'ai pas besoin de vous[2]. »

---

[2] Cette réponse de Cagliostro est calquée sur celle d'un alchimiste franc-comtois à l'envoyé de Léopold II, qui faisait faire à ce souffleur les offres les plus séduisantes pour l'attirer à la cour de Prague : «Ou je suis adepte ou je ne le suis pas, répon-

Le bon curé de Zurich, qui avait fait le voyage de Strasbourg tout exprès pour causer avec Cagliostro, et qui ne voulait pas s'en retourner dans sa paroisse avec ce simple compliment, lui écrivit le lendemain : « D'où vous viennent vos connaissances ? Comment les avez-vous acquises ? En quoi consistent-elles ? »

Le grand cophte, de plus en plus laconique, lui répondit : *In verbis, in herbis, in lapidibus.*

Lavater méritait certainement mieux que cette réception. On ne le connaît en France que pour ses travaux relatifs à la physionomie humaine ; mais ce ne fut là que l'un des côtés des préoccupations du pasteur de Zurich. Cet homme, aussi savant que crédule, était surtout un enthousiaste, et même un thaumaturge de bonne foi. Il était allé voir Gassner à Ratisbonne, et avait cru, sans la moindre hésitation, à tous les miracles du toucheur. Sur le simple bruit des merveilles du magnétisme animal, et avant de savoir précisément en quoi consistait cette nouvelle doctrine, il s'était fait l'ardent prédicateur du mesmérisme. Sans nul doute, il était disposé à apporter la même crédulité et les mêmes hommages à la puissance du grand cophte de la maçonnerie égyptienne, qui pourtant l'éconduisit avec tant de sans-façon.

Ce fut aussi à Strasbourg que Cagliostro vit, pour la première fois, le cardinal de Rohan, alors archevêque de cette ville, avec lequel il sera impliqué plus tard dans la fameuse affaire du collier. Il capta facilement l'amitié et la confiance de ce prince de l'Église ;

---

dit-il ; si je le suis, je n'ai pas besoin de l'empereur, et si je ne le suis pas, l'empereur n'a que faire de moi. »

toutefois, il ne le guérit pas. C'est du moins ce qu'on doit conclure d'un aveu implicite contenu dans le mémoire même que Cagliostro, prisonnier à la Bastille, rédigea pour sa défense.

« Peu de temps après mon arrivée en France, dit-il, M. le cardinal de Rohan m'avait fait dire par le baron de Millinens, son grand veneur, qu'il désirait me connaître. Tant que le prince ne fit voir à mon égard qu'un motif de curiosité, je refusai de le satisfaire ; mais bientôt m'ayant envoyé dire qu'il avait une attaque d'asthme, et qu'il voulait me consulter, je me rendis avec empressement à son Palais épiscopal. Je lui fis part de mon opinion sur sa maladie ; il parut satisfait, et me pria de l'aller voir de temps en temps. »

Mais, pour n'avoir pas guéri le cardinal, Cagliostro ne perdit rien de sa confiance, et gagna même celle du principal magistrat de la cité.

« Il agit avec le préteur et avec le cardinal comme avec des personnes qui lui auraient des obligations infinies, et auxquelles il n'en aurait aucune ; aussi se sert-il de l'équipage du cardinal comme si c'était le sien. Il prétend pouvoir éventer et deviner ceux qui sont athées ; leurs exhalaisons lui font ressentir des frémissements épileptiques ; car, en sa qualité de bon jongleur, il peut tomber, quand il veut, dans cette sainte maladie. »

Meiners, professeur à Göttingue, auteur de la brochure dont ce dernier passage est extrait, fut un de ceux qui voulurent voir Cagliostro par curiosité, et qui furent renvoyés par lui comme des espions. Quoique très mal disposé à son égard, le professeur de Göttingue ne nie point la réalité de ses cures.

Il ne faut pourtant pas croire qu'aucune note discordante ne vint se mêler au concert de bénédictions et de louanges, au milieu duquel Cagliostro vécut trois ans à Strasbourg. Dans son mémoire, il parle lui-même, quoique en termes très vagues, de certaines persécutions qui l'éloignèrent de cette ville. Faute de détails, nous ne pouvons pas dire d'où partaient ces persécutions ni quelle en était la nature. Elles se rattachaient peut-être à l'incident qui avait, un moment, troublé l'entrée du grand cophte à Strasbourg, et dont le lecteur doit être curieux d'avoir l'explication.

Le malencontreux interrupteur était un Sicilien, nommé Marano, descendant d'une famille juive ou mauresque, et qui exerçait à Palerme la profession d'orfèvre. Avare, usurier, et, en cette qualité, fort défiant, mais superstitieux et crédule à l'excès pour les choses qui flattaient ses instincts cupides, Marano était souvent la dupe des charlatans. Les pertes considérables qu'il avait déjà faites en écoutant les chercheurs de la pierre philosophale, et en se livrant à d'autres entreprises tout aussi vaines, ne l'avaient pas entièrement corrigé.

Marano entendait souvent parler d'un jeune Sicilien dont la vie était pleine de mystères. On l'appelait Joseph Balsamo ; il n'avait alors que dix-sept ans, et dans cette ville même de Palerme où il était né, il passait pour un personnage étrange et doué de pouvoirs surnaturels. L'obscurité de ses parents ne pouvait rien contre cette opinion qu'il avait su donner de lui :

on répondait que sa famille apparente n'était qu'une famille supposée, et qu'il devait le jour à une grande princesse d'Asie. Du reste, le jeune homme faisait honneur aux hypothèses les plus avantageuses qu'on pouvait bâtir à son sujet. Il était de belle mine et de grand air ; il parlait peu, et tenait ses interlocuteurs comme enchaînés par la fascination de ses regards. Joseph Balsamo cachait avec soin sa vie intérieure, et, précisément parce qu'on en connaissait peu de chose, on en racontait les circonstances les plus singulières. On l'avait vu souvent évoquant les esprits, et, dans Palerme, chacun tenait pour avéré qu'il avait commerce avec les anges, et qu'il obtenait, par leur intermédiaire, la révélation des secrets les plus intéressants.

Marano prêtait une oreille attentive à ces récits ; il lui tardait singulièrement de voir l'ami des esprits célestes. Celui-ci avait déjà tant d'admirateurs, et sans doute aussi, de compères, qu'il s'en rencontra un pour lui ménager l'entrevue désirée.

Ce fut dans sa maison même que l'orfèvre fut mis en rapport avec le jeune Balsamo. Il mit, dès l'abord, le genou en terre. Balsamo l'ayant laissé faire, le releva ensuite, et, d'un ton solennel, mais bienveillant, lui demanda pourquoi il l'avait appelé.

« Grâce à vos entretiens habituels avec les esprits célestes, il vous serait facile de le savoir, répondit Marano ; et vous n'auriez pas plus de peine, ajouta-t-il avec un sourire plein de tristesse, à me faire regagner tout l'argent que j'ai perdu avec de faux alchimistes, et même à m'en procurer bien davantage.

— Je peux vous rendre ce service, dit Balsamo, si vous croyez.

— Si je crois ? Oh ! certes, je crois ! s'écria l'orfèvre avec ferveur.

La foi, ou plutôt une croyance aveugle, était le fort ou le faible de Marano, surtout quand la perspective de trésors à découvrir venait à reluire dans son esprit. Balsamo, qui connaissait bien chez l'usurier cette condition essentielle, lui donna rendez-vous pour le lendemain hors de la ville, et le quitta sans ajouter un mot.

Le lendemain, à six heures du matin, ils se trouvaient tous deux sur le chemin de la chapelle de Sainte-Rosalie, à cent pas environ de la porte de Palerme. Balsamo, sans rien dire, fit signe à l'orfèvre de le suivre. Quand ils eurent marché pendant près d'une heure, ils s'arrêtèrent au milieu d'un champ désert et devant une grotte. Balsamo étendant la main vers cette grotte :

« Un trésor existe, dit-il, dans ce souterrain. Il m'est défendu de l'enlever moi-même ; je ne saurais le toucher, ni m'en servir, sans perdre ma puissance et ma pureté. Il repose sous la garde des esprits infernaux. Cependant, ces esprits peuvent être enchaînés un moment par les anges qui répondent à mon appel. Il ne reste donc qu'à savoir si vous répondez scrupuleusement aux conditions qui vont vous être énoncées. À ce prix, le trésor peut vous appartenir.

— Que je sache seulement ce qu'il faut faire ! s'écria avec impétuosité le crédule orfèvre ; parlez donc vite !

— Ce n'est pas de ma bouche que vous devez

l'apprendre, interrompit Balsamo ; mais d'abord, à genoux ! »

Lui-même avait déjà pris cette posture ; Marano se hâta de l'imiter, et tout aussitôt on entendit du haut du ciel une voix claire et harmonieuse prononcer les paroles suivantes, plus flatteuses pour l'oreille du vieil avare que toutes les symphonies des chœurs aériens :

« Soixante onces de perles, soixante onces de rubis ; soixante onces de diamants, dans une belle d'or ciselé du poids de cent vingt onces. — Les esprits infernaux qui gardent ce trésor le remettront aux mains de l'honnête homme que notre ami présente, s'il a cinquante ans, s'il n'est point chrétien, si... si... si... !! »

Venait alors le détail d'une série de conditions que Marano réunissait toutes. Aussi était-ce avec la plus vive joie qu'il les notait une à une, jusqu'à la dernière inclusivement, laquelle était ainsi formulée :

« Et s'il dépose à l'entrée de la grotte, avant d'y mettre le pied, soixante onces d'or en faveur des gardiens ! »

« Vous avez entendu, dit Balsamo, qui, s'étant déjà relevé, se remettait en marche sans paraître faire attention à la mine stupéfiée de l'orfèvre.

« Soixante onces d'or ! » s'écria avec un soupir l'usurier, en proie aux plus vifs combats de la cupidité et de l'avarice. Mais Balsamo n'avait l'air d'écouter ni ses exclamations ni ses soupirs. Il regagnait silencieusement la ville.

Marano, qui s'était enfin décidé à se relever, le suivait silencieusement aussi. Ils arrivèrent jusqu'à l'endroit où ils s'étaient donné rendez-vous, et où il avait été convenu qu'ils devaient se séparer avant de rentrer dans Palerme. C'était donc le moment pour Marano de prendre une résolution.

« Accordez-moi un seul instant ! s'écria-t-il d'une voix piteuse, en voyant le jeune homme s'éloigner. Soixante onces d'or ! est-ce bien le dernier mot ?

— Mais sans doute, dit négligemment Balsamo, sans même interrompre sa marche.

— Eh bien, donc, à quelle heure demain ?

— À six heures du matin, au même endroit.

— J'y serai. »

Ce fut la dernière parole de l'orfèvre, et comme le dernier soupir de son avarice vaincue.

Le lendemain, à l'heure convenue, ils se joignirent tous deux, aussi exacts que la première fois ; Balsamo avec son calme habituel, et Marano avec son or. Ils s'acheminèrent vers la grotte. Les anges, consultés de la même façon que la veille, rendirent les mêmes oracles aériens. Balsamo parut alors étranger à ce qui allait se passer, et Marano déposa, non sans de grands combats intérieurs, soixante onces d'or à la place désignée.

Ce sublime effort accompli, il se prépara à franchir l'entrée de la grotte. Il fit quelques pas pour y entrer, mais il ressortit bientôt :

« N'y a-t-il pas de danger à pénétrer dans cet antre ?

— Non ; si le compte de l'or est fidèle. »

Il rentra avec plus de confiance, ressortit encore, et cela plusieurs fois, sous les yeux de Balsamo, dont la figure exprimait l'indifférence la plus désintéressée. Enfin il s'encouragea lui-même, et descendit si profondément pour le coup, que toute reculade lui devint impossible. En effet, trois diables, bien noirs et bien musclés, lui barrent le chemin en poussant des grognements formidables. Ils se saisissent de lui, et le font longtemps pirouetter. Ce manège fini, les diables passent aux horions et aux gourmades. Le malheureux appelle en vain les anges gardiens de Balsamo, qui restent sourds, tandis que les gourmades des diables redoublent. Enfin, roué de coups, n'en pouvant plus, le juif tombe la face sur la terre, et une voix bien intelligible lui intime l'ordre de rester là immobile et muet, avec la menace d'être achevé s'il fait le moindre mouvement. Le malheureux n'avait garde de désobéir.

Lorsque Marano put reprendre ses sens, et quand l'absence de tout bruit lui donna le courage de lever la tête, il se traîna comme il put, et parvint, en rampant, à gagner l'issue de cette terrible caverne. Arrivé au dehors, il regarde autour de lui. Plus rien ! Les trois démons, Balsamo et l'or, étaient partis de compagnie.

Le juif alla le lendemain déposer sa plainte chez le magistrat, mais Balsamo avait déjà disparu de Palerme.

Ce fut là, pour l'un et l'autre, le point de départ d'une longue vie d'aventures bien différentes pour chacun d'eux. Balsamo, courant le monde sous les divers noms de comte Harat, comte Fenice, marquis d'Anna, marquis de Pellegrini, Zischis, Belmonte, Melissa, comte de Cagliostro, etc., s'instruisant et surtout s'enrichissant dans ses voyages, subjugue les grands et les petits par le prestige de ses œuvres et l'éclat de sa magnificence ; Marano, au contraire, bien réellement ruiné après la perte de ses soixante onces d'or, et forcé de quitter aussi Palerme, va cacher sa détresse à Paris, puis dans d'autres villes, où il brocante misérablement parmi les juifs, jusqu'à ce que, à vingt années d'intervalle, il vienne se trouver, comme on l'a vu, aux portes de Strasbourg, en présence de son voleur, au moment même où celui-ci arrive dans la capitale de l'Alsace, vénéré comme un messie et applaudi comme un triomphateur.

Ce fut vers le milieu de 1783 que Cagliostro quitta Strasbourg. À cette époque, son étoile était loin d'avoir pâli en France ; car le marquis de Ségur, MM. de Miroménil et de Vergennes le recommandaient dans les termes les plus flatteurs. Après une courte excursion en Italie, nous retrouvons Cagliostro à Bordeaux, dans le temps même où le P. Hervier y propageait, par la parole et par l'action, la doctrine nouvelle du magnétisme animal[3].

---

[3] Voir, dans *Mesmer et le magnétisme animal*, les actes du P. Hervier, prêchant le magnétisme dans la cathédrale de Bordeaux.

CHAPITRE II

CAGLIOSTRO À BORDEAUX — SON ARRIVÉE À PARIS — PRODIGES QU'IL Y ACCOMPLIT — LE BANQUET D'OUTRE-TOMBE DE LA RUE SAINT-CLAUDE — MIRACLES DE LORENZA, LA GRANDE MAÎTRESSE — LE SOUPER DES TRENTE-SIX ADEPTES — LA GUÉRISON MIRACULEUSE DU PRINCE DE SOUBISE PAR CAGLIOSTRO — ENTHOUSIASME DE LA CAPITALE POUR LE NOUVEAU THAUMATURGE

Cagliostro entra à Bordeaux le 8 novembre 1783. Il assure que l'affluence des malades fut si grande, qu'il dut « avoir recours aux Jurats pour obtenir des soldats à l'effet d'entretenir l'ordre dans sa maison. » Cette précaution, qui pouvait n'être qu'une manœuvre de son charlatanisme, ne doit pourtant pas empêcher de croire aux effets puissants qu'il produisit dans cette ville. Nous savons d'ailleurs, et c'est un fait constant, que le P. Hervier, ce magnétiseur si plein de facultés, ayant osé lutter de puissance fluidique avec lui, fut publiquement terrassé, et reçut, à cette occasion, de toute la société mesmérienne, le blâme que méritait son imprudence.

Ici le mémoire de Cagliostro va nous donner son itinéraire, et nous apprendre aussi qu'en tous lieux sa gloire était mêlée de quelque amertume :

« ... Le genre de persécutions qui m'avait éloigné de Strasbourg, m'ayant suivi à Bordeaux, je pris le parti, après onze mois de séjour, de m'en aller à Lyon dans les derniers jours d'octobre 1784 ; je ne restai que trois mois dans cette dernière ville, et je partis pour Paris, où j'arrivai le 30 janvier 1785. Je descendis dans un des hôtels garnis du Palais-Royal ; et, peu de temps après, j'allai habiter une maison rue Saint-Claude, près du boulevard.

« Mon premier soin fut de déclarer à toutes les personnes de ma connaissance que mon intention était de vivre tranquille, et que je ne voulais plus m'occuper de médecine ; j'ai tenu ma parole et me suis refusé absolument à toutes les sollicitations qui m'ont été faites à cet égard[4]. »

On ne voit pas, en effet, Cagliostro signaler par beaucoup de guérisons son séjour dans la capitale, qui, pourvue alors d'une Société de l'harmonie, de plusieurs cliniques mesmériennes, desloniennes, juméliennes, etc., d'arbres magnétisés dans les jardins et les promenades, et de plusieurs milliers de baquets à domicile, n'eût vraiment eu que faire d'un nouveau dispensateur du fluide vital. Il se retourna donc vers un autre genre d'opérations plus étonnantes que les cures magnétiques, dans lesquelles Paris commençait à ne plus rien voir de surnaturel. Les phénomènes qu'il produisit furent de ceux qui échappent à la compétence et à la discussion des corps académiques, mais qui n'en frappent que plus fortement les esprits, et dont nous avons déjà vu quelques préliminaires à Strasbourg, dans la séance des colombes.

---

[4] *Mémoire composé pour sa défense*, par Cagliostro, pendant qu'il était détenu à la Bastille pendant l'instruction de l'affaire du collier.

Il étonna par l'évocation des ombres, c'est-à-dire en faisant apparaître, à la volonté des curieux, dans un miroir ou dans une carafe pleine d'eau, des personnages morts ou vivants.

Cagliostro, à Paris, ne voulut être que thaumaturge, et il fit, en cette qualité, d'assez grands miracles ou d'assez grands tours, pour éclipser un moment toute autre célébrité contemporaine. Dans le peuple, dans la bourgeoisie, chez les grands et surtout à la cour, l'admiration alla pour lui jusqu'au fanatisme. On ne l'appelait que le divin Cagliostro. Son portrait était partout, sur les tabatières, sur les bagues et jusque sur les éventails des femmes. On posait sur les murailles des affiches où l'on rappelait que Louis XVI avait déclaré coupable de lèse-majesté quiconque ferait injure à Cagliostro. Tout le monde voulait être témoin de ses merveilles, et ceux qui ne pouvaient les voir se les faisaient narrer avec détail, et ne se lassaient pas d'en écouter le récit. On racontait qu'à Versailles, devant quelques grands seigneurs, il avait fait paraître, dans des miroirs, sous des cloches de verre et dans des carafes, non pas seulement l'image de personnes absentes, mais ces personnes mêmes, des spectres animés et se mouvant, et même plusieurs morts qu'on lui avait désignés. Ces évocations de morts illustres étaient le spectacle ordinaire qu'il donnait à ses convives dans des soupers qui faisaient grand bruit dans Paris, à cette époque où Diderot, d'Alembert et plusieurs autres célèbres encyclopédistes n'existant plus, la marmite des soupers philosophiques était renversée. L'auteur des Mémoires authentiques pour servir à l'histoire de Cagliostro a fort heureusement décrit une de ces scènes où des encyclopédistes passés à l'état d'ombres, viennent jouer leurs rôles.

«... Le grand thaumaturge avait annoncé que dans un souper intime, composé de six convives, il évoquerait les morts qu'on lui désignerait, et qu'ils viendraient s'asseoir au banquet, la table devant avoir six couverts.

« Le souper eut lieu rue Saint-Claude, où demeurait Cagliostro, et à l'insu de Lorenza.

« À minuit, on se trouva au complet. Une table ronde, de douze couverts fut servie avec un luxe inouï, dans une salle où tout était en harmonie avec l'opération cabalistique qui devait avoir lieu. Les six convives, et Cagliostro septième, prirent place. On devait donc être treize à table ! Le souper servi, les domestiques furent renvoyés, avec menace d'être tués roide, s'ils tentaient d'ouvrir les portes avant d'être rappelés. Ceci était renouvelé des soupers du Régent.

« Chaque convive demanda le mort qu'il désirait revoir, Cagliostro prit les noms, les plaça dans la poche de sa veste glacée d'or, et annonça que, sans autre préparation qu'un simple appel de sa part, les esprits évoqués allaient venir de l'autre monde en chair et en os ; car, suivant le dogme égyptien, il n'y avait point de morts. Ces convives d'outre-tombe, demandés et attendus avec une émotion croissante, étaient : Le duc de Choiseul, Voltaire, d'Alembert, Diderot, l'abbé de Voisenon et Montesquieu. On pouvait se trouver en plus sotte compagnie.

« Les noms furent prononcés à haute voix, lentement et avec toute la puissance de volonté dont était doué Cagliostro. Il y eut un moment affreux et plus terrible que l'apparition même, ce fut le moment de l'incertitude, mais ce ne fut qu'un moment. Les six convives évoqués apparurent et vinrent prendre place au souper avec toute la courtoisie qui les caractérisait. Quand les invités vivants eurent un peu repris leur respiration, on se hasarda à questionner les morts.

« Ici nous laisserons parler l'historiographe de ce prodigieux souper.

« La première question fut : Comment l'on se trouvait dans l'autre monde ? « Il n'y a point d'autre monde, » répondit d'Alembert. « La mort n'est qu'une cessation des maux qui nous ont tourmentés. On n'a nulle espèce de plaisir, mais aussi on ne connaît aucune peine. Je n'ai pas trouvé Mlle Lespinasse, mais aussi n'ai-je pas vu Linguet. On est fort sincère. Quelques morts qui sont venus nous rejoindre, m'ont assuré que j'étais presque oublié. Je m'en suis consolé. Les hommes ne valent pas la peine qu'on s'en occupe. Je ne les ai jamais aimés, maintenant je les méprise.

« — Qu'avez-vous fait de votre savoir, » demanda M. de... à Diderot ?

— « Je n'ai pas été savant, comme on l'a cru, répondit-il ; ma mémoire me traçait ce que j'avais lu, et, lorsque j'écrivais, je prenais de côté et d'autre. De là vient le décousu de mes livres, qu'on ne connaîtra pas dans cinquante ans. L'Encyclopédie, dont on m'a fait honneur, ne m'appartient pas. Le métier d'un rédacteur est de mettre de l'ordre dans le choix des matières. L'homme qui a montré le plus de talent à l'occasion de l'Encyclopédie est celui qui en a fait la table, et personne ne songe à lui en faire honneur.

« — J'ai beaucoup loué cette entreprise, dit Voltaire, parce que je la croyais propre à seconder mes vues philosophiques. À propos de philosophie, je ne sais trop si j'avais raison. Après ma mort, j'ai appris d'étranges choses. J'ai causé avec une demi-douzaine de papes. Ils sont bons à entendre. Clément XIV et Benoît surtout sont des hommes l'infiniment d'esprit et de bon sens.

« — Ce qui me fâche un peu, dit le duc de Choiseul, c'est qu'on n'a point de sexe là où nous habitons ; et quoi qu'on en dise, cette enveloppe charnelle n'était pas trop mal inventée.

— À quoi se connaît-on donc ? demanda quelqu'un.

— Aux caprices, aux goûts, aux prétentions, à mille petites choses, qui sont des grâces chez vous et des ridicules là-bas. »

« — Ce qui m'a fait vraiment plaisir, dit l'abbé Voisenon, c'est que, parmi nous, on est guéri de la manie de l'esprit. Vous n'imaginez pas combien l'on m'a persiflé sur mes petits romans saugrenus, combien l'on s'est moqué de mes notices littéraires. J'ai eu beau dire que je donnais à ces puérilités leur juste valeur ; soit qu'on ne crût pas à la modestie d'un académicien, soit que tant de frivolité ne convînt pas à mon état ou à mon âge, j'expie presque tous les jours les erreurs de ma vie humaine. »

Il est facile de reconnaître l'esprit anti-philosophique du gazetier qui rapporte ce dialogue. Qu'il l'eût arrangé à sa manière, c'est ce que chacun reconnaissait à cette époque, et ce qui n'importait guère d'ailleurs, puisque tout le monde tenait pour avéré ce fait essentiel et inouï, que les interlocuteurs désignés avaient paru, et qu'ils avaient parlé ! Et là-dessus la foi était d'autant plus forte que les gazetiers du temps assuraient, sans nommer personne d'ailleurs, et pour cause, que les six convives de Cagliostro étaient six personnages importants, parmi lesquels se trouvait même un grand prince.

Au milieu de ces scènes de prestige, Cagliostro poursuivait une idée, qui paraît avoir été le but de sa vie, s'il en eût jamais d'autre que d'exploiter la crédulité des grands. Depuis plusieurs années, il s'était fait, comme nous l'avons déjà dit, le propagandiste zélé d'une maçonnerie nouvelle, dite maçonnerie égyptienne. Dans toutes les villes où il séjournait, il établissait des loges de ce rite : il voulut fonder à Paris une loge mère, dont toutes les autres ne seraient que les succursales. Il s'annonçait comme apportant de l'Orient les mystères d'Isis et d'Anubis, ce qui lui donnait naturellement une grande considération. Quoiqu'il menaçât d'une réforme radicale la maçonnerie vulgaire, qui ne comptait pas moins de soixante-douze loges actives dans la capitale, sa popularité aidant, Isis et Anubis triomphèrent de toutes les oppositions.

Il eut bientôt des sectateurs, et des plus haut titrés, lesquels s'assemblèrent un jour, en grand nombre, pour entendre Cagliostro leur exposer les dogmes de la franc-maçonnerie égyptienne. Dans cette séance solennelle, il parla, dit-on, avec une éloquence entraînante. Son succès fut si éclatant que tous ses auditeurs sortirent émerveillés et convertis à la maçonnerie régénérée et purifiée. Aucun d'eux ne douta qu'il ne vint d'être initié aux secrets de la nature, tels qu'on les conservait dans le temple d'Apis à l'époque où Cambyse fit fustiger ce Dieu capricieux[5].

À partir de ce moment, les initiations à la nouvelle franc-maçonnerie furent nombreuses, quoique restreintes à l'aristocratie de la société, et il y a des raisons de croire qu'elles coûtèrent fort cher aux grands personnages qui en furent jugés dignes.

Des femmes de qualité, qui avaient entendu parler de ces scènes mystérieuses et du souper d'outre-tombe de la rue Saint-Claude, se sentirent prises, à leur tour, d'un désir ardent d'être initiées aux mêmes mystères. Elles sollicitèrent, à l'insu de leurs maris, la faveur de participer à ces séances fantastiques. La plus passionnée de toutes, la duchesse de T..., fut choisie pour proposer, en leur nom, à Mme de Cagliostro, d'ouvrir pour elles un cours de magie où nul homme ne serait admis. On lui répondit avec sang-froid, que ce cours commencerait dès que le nombre des aspirantes s'élèverait à trente-six. Dans la même journée, ce nombre fut complété.

Voilà Lorenza ou Seraphina, devenue Grande maîtresse de la maçonnerie égyptienne au même titre que son mari était Grand cophte. Elle commença par faire connaître les conditions de son cours de magie féminine, qui étaient, pour chaque adepte, de verser cent louis, de s'abstenir de tout commerce humain, à dater

---

[5] *Mémoire pour servir à l'histoire de la franc-maçonnerie*, par un Rose-Croix, Paris, 1790.

du jour de la demande, et de se soumettre à tout ce qui lui serait ordonné. Ces conditions acceptées, on fixa la séance au 7 août.

La Grande maîtresse avait loué et fait préparer une vaste maison, entourée de jardins et d'arbres magnifiques, dans la rue Verte, au faubourg Saint-Honoré, quartier alors très solitaire. C'était là que la réunion devait avoir lieu. Aucune des trente-six adeptes n'y manqua, et, à onze heures, on était au grand complet.

En entrant dans la première salle, toutes les dames furent obligées de quitter leurs vêtements, et de prendre une robe blanche, avec une ceinture de couleur. On les partagea en six groupes, qui se distinguaient par les nuances de leurs ceintures : six étaient en noir, six en bleu, six en coquelicot, six en violet, six en rose, six en impossible (couleur de fantaisie). On remit à chacune un grand voile, qu'elles placèrent en sautoir. On les fit ensuite entrer dans un temple éclairé par le haut de la voûte, et garni de trente-six fauteuils couverts de satin noir. Lorenza, vêtue de blanc, était assise sur une espèce de trône, assistée de deux grandes figures, habillées de telle manière qu'on ne pouvait savoir si c'étaient des hommes ou des femmes, ou encore des spectres.

La lumière qui éclairait cette salle s'affaiblit insensiblement, et quand on put à peine distinguer les objets, la Grande maîtresse ordonna aux dames de se découvrir la jambe gauche jusqu'à la naissance de la cuisse. Elle leur commanda ensuite de lever le bras droit et de l'appuyer sur la colonne voisine. Deux jeunes femmes, à qui l'on donnait le nom de Marphise et Clorinde, entrèrent, tenant un glaive à la main, et attachèrent les trente-six dames par les jambes et par les bras au moyen de cordons de soie. Au milieu d'un silence absolu, Lorenza prononça alors un discours qui commençait ainsi :

« L'état dans lequel vous vous trouvez est le symbole de votre état dans la société. Votre condition de femmes vous place sous la dépendance passive de vos époux. Vous portez des chaînes, si grandes dames que vous soyez. Nous sommes toutes, dès l'enfance, sacrifiées à des dieux cruels. Ah ! si, brisant ce joug honteux, nous savions nous unir et combattre pour nos droits, vous verriez bientôt le sexe orgueilleux qui nous opprime ramper à nos pieds et mendier nos faveurs… »

Ce discours, qui semble jusque-là commenter le code de la femme libre, finit pourtant par baisser de ton, et aboutit même à des conseils pleins d'un dépit superbe, mais fort rassurants pour le droit des maris :

« Laissons-les, s'écria la grande prêtresse, faire leurs guerres meurtrières ou débrouiller le chaos de leurs lois ; mais chargeons-nous de gouverner l'opinion, d'épurer les mœurs, de cultiver l'esprit, d'entretenir la délicatesse, de diminuer le nombre des infortunes. Ces soins valent bien ceux de prononcer sur de futiles querelles. »

Après ce discours, qui fut accueilli par des acclamations enthousiastes, Marphise et Clorinde détachèrent les liens de ces dames, pour qui d'autres épreuves allaient commencer. Mais auparavant Lorenza les fortifia par cette autre allocution :

« Recouvrez votre liberté, et puissiez-vous la recouvrer ainsi dans le monde. Oui, cette liberté, c'est le premier besoin de toute créature : ainsi donc, que vos âmes tendent de toute leur ardeur à la conquérir. Mais pouvez-vous compter sur vous-mêmes ? Êtes-vous sûres de vos forces ? Quelles garanties m'en donnerez-vous ? Adeptes qui m'écoutez, il faut subir d'autres épreuves. Vous allez vous diviser en six groupes. Chaque couleur se rendra à un des six appartements qui correspondent à ce temple ; là, de terribles tentations viendront vous assaillir... Allez, mes sœurs, les portes du jardin sont ouvertes, et la lune douce et discrète, éclaire le monde. »

Les dames entrèrent dans les appartements qui leur étaient respectivement désignés, et dont chacun ouvrait sur le jardin. Nul ne les y suivit ; elles devaient aborder seules, dans leur force et dans leur liberté, les épreuves qui les attendaient. Elles firent, dit-on, des rencontres inouïes. Ici, des hommes les poursuivaient en les persiflant ; là, des adorateurs soupiraient dans des postures attendrissantes. Plus d'une crut se trouver avec son amant, tant le fantôme ou le génie qui lui apparut, avait une ressemblance frappante avec l'objet aimé. Mais le devoir et le serment prononcé commandaient une cruauté inflexible ; il fallut repousser, et, au besoin, maltraiter l'ombre charmante, au risque de perdre à jamais une réalité adorée. On cite une de ces dames qui, dans l'exaltation de sa vertu, n'hésita pas à fouler d'un pied ravissant, mais impitoyable, l'image qui lui représentait l'idéal de sa pensée, le rêve de son cœur.

Toutes s'acquittèrent strictement de ce qui leur

avait été ordonné ; l'esprit nouveau de la femme régénérée venait de triompher sur toute la ligne des trente-six ceintures. Ce fut donc avec ces symboles intacts et immaculés, qu'elles rentrèrent dans la demi-obscurité de la salle voûtée qu'on appelait le temple, pour recevoir les félicitations de la Grande maîtresse. Là, quelques minutes furent accordées au recueillement. Tout à coup, le dôme de la salle s'ouvrit, et l'on vit descendre, sur une grosse boule d'or, un homme, nu comme Adam avant le péché, qui tenait un serpent dans sa main et portait sur sa tête une flamme brillante.

« C'est du Génie même de la vérité, dit la Grande maîtresse, que je veux que vous appreniez les secrets si longtemps dérobés à votre sexe. Celui que vous allez entendre est le célèbre, l'immortel, le divin Cagliostro, sorti du sein d'Abraham sans avoir été conçu, et dépositaire de tout ce qui a été, de tout ce qui est, et de tout ce qui sera connu sur la terre.

— Filles de la terre, dit le grand cophte, dépouillez ces vêtements profanes. Si vous voulez entendre la vérité, montrez-vous comme elle. »

Aussitôt la grande prêtresse, donnant l'exemple, ôte sa ceinture et laisse tomber ses voiles. Et les adeptes, l'imitant, se montrèrent sinon dans leur innocence, du moins dans toute la nudité de leurs charmes, aux yeux du Génie céleste.

Alors ayant promené lentement sur les beautés nues ses magnétiques regards.

« Mes filles, reprit-il, la magie tant décriée n'est, entre des mains pures, que le secret de faire du bien à l'humanité. La magie, c'est l'initiation aux mystères de la nature et la puissance d'user de cette science occulte. Vous ne doutez plus du pouvoir magique ; il va jusqu'à l'impossible, les apparitions du jardin vous l'ont prouvé ; chacune de vous a vu l'être cher à son cœur, et a conversé avec lui. Ne doutez donc plus de la science hermétique, et venez quelquefois dans ce temple où les plus hautes connaissances vous seront révélées. Cette première initiation est d'un bon augure ; elle prouve que vous êtes dignes de la vérité. Je vous la dirai tout entière, mais par gradations. Aujourd'hui, apprenez seulement de ma bouche que le but sublime de la franc-maçonnerie égyptienne, dont j'apporte les rites du fond de l'Orient, c'est le bonheur de l'humanité. Ce bonheur est illimité ; il comprend les jouissances matérielles, comme la sérénité de l'âme et les plaisirs de l'intelligence. Tel est le but. Pour y parvenir, la science nous offre ses secrets. La science pénétrant la nature, c'est la magie. Ne m'en demandez pas davantage. Vivez heureuses, et, pour cela, aimez la paix et l'harmonie ; retrempez vos âmes par les émotions douces, aimez et pratiquez le bien ; le reste est peu de chose.»

Abstraction faite de l'appareil fantasmagorique, il n'y a rien dans cette initiation qui contraste trop avec la morale et les idées humanitaires qui avaient déjà cours dans le dix-huitième siècle. Mais l'historien[6], un peu suspect d'ailleurs, à qui l'on doit le plus de détails sur les actes et les prédications de Cagliostro à Paris, ajoute à ce qui précède quelques lignes

---

[6] Le marquis de Luchet.

d'une morale plus émancipée. Suivant lui, abjurer un sexe trompeur fut le conseil que le prétendu Génie de la vérité donna pour conclusion aux adeptes. « Que le baiser de l'amitié, dit-il en terminant, annonce ce qui se passe dans vos cœurs. » Et la Grande maîtresse leur apprit ce que c'était que le baiser de l'amitié.

Cela fait, le Génie de la vérité se replaça sur sa boule d'or, qui, s'élevant comme elle était descendue, l'emporta dans les profondeurs de la voûte. Pendant cette ascension, le parquet s'entr'ouvrit par le milieu, et la lumière revenant à flots dans le temple, on vit sortir de dessous terre une table splendidement ornée et délicatement servie : argenterie éblouissante, qui n'était pas une vaine apparence, belles fleurs, qui exhalaient de vrais parfums, mets et vins choisis, qui, détectant les sens, les forçaient à reconnaître leur plantureuse réalité. Dans ce souper, que les thaumaturges faisaient succéder à l'initiation, il n'y avait rien d'illusoire ou de fantastique, pas même les amants que ces dames y retrouvèrent. On soupa gaiement et de bon appétit. Il y eut des danses et des divertissements, où brillèrent les talents de Clorinde et de Marphise, naguère farouches guerrières, maintenant ravissantes almées, peut-être empruntées à l'Opéra, mais qu'on croyait importées d'Égypte en même temps que les mystères d'Anubis.

Quand on se retira, il était trois heures du matin, preuve irrécusable que l'émancipation de la femme dans la société française avait déjà fait quelque progrès avant l'arrivée du grand cophte et de sa compagne.

Pour présider ce joyeux souper, Lorenza avait quitté ses insignes et le ton solennel de Grande maîtresse. Elle ne laissa point partir ses charmantes convives sans leur déclarer que cette première initiation n'avait été qu'un amusement, sauf à reprendre et à continuer le cours de magie au gré des nobles adeptes. Mais elle leur fit cet aveu avec tant de charme et à la suite d'un si beau festin, qu'elles l'embrassèrent avec tendresse, de sorte qu'aucune d'elles ne songea à se plaindre d'avoir payé cent louis une séance de magie blanche.

À partir de ce jour, la comtesse de Cagliostro, qui était belle, d'ailleurs, passa pour le type accompli de toutes les perfections. On disputa sur la pureté des lignes de son visage, et sur la couleur de ses yeux, bleus ou noirs. Il y eut, dans la ville, des cartels échangés et de grands coups d'épée donnés et reçus en l'honneur de la Grande maîtresse de la rue Verte.

Cagliostro, comme nous l'avons dit, avait déclaré qu'il ne voulait point faire de médecine à Paris. Cependant, il ne lui fut pas possible d'être constamment fidèle à cette résolution. Cette maison isolée, profonde et entourée de jardins, qu'il avait louée sur le boulevard du Temple, à l'extrémité de la rue Saint-Claude, et qui devait plus tard servir de demeure à Barras, ne devait guère être consacrée qu'à abriter le laboratoire mystérieux où se distillait son fameux élixir de longue vie. Mais il fut obligé d'y recevoir les malades pauvres qui imploraient ses secours. Il les traitait gratuitement. Il allait même visiter, dans leurs taudis, les plus infirmes, et ne les quittait jamais sans leur laisser quelque argent. À l'égard des malades titrés, ou ayant quelque importance dans le monde, il se montrait plus difficile, et ne consentait à les voir qu'après avoir été plusieurs fois appelé par eux.

Désarmée par tant de discrétion et de réserve, la Faculté de médecine de Paris, qui s'était montrée si hostile contre Mesmer, se contenta d'exprimer des doutes sur les guérisons opérées par Cagliostro, et de protester dans quelques gazettes, contre l'illégalité de ses moyens de médication, remarque qui ne pouvait guère refroidir l'enthousiasme du public pour cet homme surnaturel. Cagliostro eut d'ailleurs la bonne fortune d'opérer bientôt une cure éclatante qui fit le désespoir de la médecine officielle.

Nous avons déjà parlé des relations de Cagliostro avec le cardinal de Rohan. Un des frères de ce prince-archevêque, le prince de Soubise, était dangereusement malade. Certains médecins l'avaient déclaré atteint d'épuisement, d'autres accusaient la fièvre scarlatine ; mais tous s'accordaient pour trouver le cas désespéré. Le cardinal, bien qu'il n'eût pas éprouvé pour lui-même, à Strasbourg, les bons effets de la puissance médicale du grand empirique, n'en avait pas moins en lui une confiance illimitée. Il le pria donc, avec instance, de voir son frère. Un jour, il le fit monter dans son carrosse et le conduisit à l'hôtel de Soubise, où il annonça « un médecin, » sans le nommer d'ailleurs. Comme la Faculté avait déclaré le malade perdu, la famille laissa faire. Quelques domestiques seulement se trouvaient dans la chambre du prince, lorsque le cardinal et Cagliostro y entrèrent. Ce dernier ayant demandé à rester seul quelque temps avec le malade, on les laissa.

Que fit Cagliostro ainsi renfermé avec le prince ? Le magnétisa-t-il à outrance, ou se mit-il lui-même en état de somnambulisme ? C'est ce qu'on n'a jamais su. Toujours est-il qu'après une heure consacrée à un examen ou à des préliminaires dont il garda le secret, il appela le cardinal, et lui dit :

« Si l'on suit mes prescriptions, dans deux jours monseigneur le prince de Soubise quittera ce lit, et se promènera dans cette chambre ; dans huit jours, il sortira en carrosse ; dans trois semaines, il ira faire sa cour à Versailles. »

Quand on a consulté un oracle, on n'a rien de mieux à faire que de lui obéir. Le cardinal se mit donc aux ordres de Cagliostro, qui, dans la même journée, revint avec lui à l'hôtel de Soubise, muni cette fois d'une petite fiole contenant un liquide dont il fit prendre dix gouttes au malade.

« Demain, dit-il, nous donnerons au prince cinq gouttes de moins ; après-demain, il ne prendra que deux gouttes de cet élixir, et il se lèvera dans la soirée. »

L'événement dépassa les prédictions de l'oracle. Le second jour qui suivit cette visite, le prince de Soubise se trouvait en état de recevoir quelques amis. Dans la soirée, il se leva, fit le tour de sa chambre, causa assez gaiement et revint s'asseoir dans un fauteuil. Il se sentit même assez en appétit pour demander une aile de poulet ; mais, quelque instance qu'il fît pour l'obtenir, on dut la lui refuser, la diète absolue étant une des prescriptions du médecin, encore inconnu, qui faisait de telles merveilles.

Dès le quatrième jour, le malade était en pleine convalescence. Mais ce ne fut que le lendemain, dans la soirée, qu'il lui fut octroyé de manger enfin son aile de poulet.

Personne, dans l'hôtel de Soubise, ne savait encore que Cagliostro était le médecin anonyme qui donnait ses soins au prince. On ne le nomma qu'au moment de la guérison, et ce nom, déjà si fameux, ne fut plus dès lors pour personne celui d'un charlatan. Ennobli par cette cure miraculeuse, il retentit à la ville et à la cour au milieu de mille acclamations enthousiastes.

Peu de temps après, deux cents carrosses stationnaient sur toute la longueur de la rue Saint-Claude. À Versailles, le roi et la reine, apprenant l'heureuse nouvelle de cette cure inattendue, s'en réjouirent hautement, et envoyèrent complimenter le prince de Soubise sur sa guérison. Ce n'était là qu'une attention d'étiquette rigoureuse, et une démarche toute naturelle à l'égard d'un si grand personnage ; mais elle ne put s'accomplir sans donner une sorte de consécration officielle à la gloire du divin Cagliostro. Son buste fut taillé en marbre, coule en bronze, et au-dessous de son portrait, gravé par le burin, on lisait cet hommage poétique :

> *De l'ami des humains reconnaissez les traits,*
> *Tous ses jours sont marqués par de nouveaux bienfaits.*
> *Il prolonge la vie, il secourt l'indigence ;*
> *Le plaisir d'être utile est seul sa récompense.*
>
> *Ce quatrain pouvait faire pendant avec celui que Palissa avait composé pour Mesmer.*

CHAPITRE III

LE CÉNACLE DES TREIZE

Que faisait cependant la docte Faculté ? Elle assistait, muette et impassible, à cet insolent triomphe de la médecine illégale ; sa lutte contre Mesmer avait épuisé son ardeur militante. Interrogée sur la cure qui faisait tant de bruit, elle ne répondit rien, sinon que le prince de Soubise devait guérir. La réponse n'était pas fière, mais elle a paru suffisante à plusieurs contemporains ; qui ont écrit que la nature seule avait opéré le miracle. Quelques-uns allèrent même jusqu'à dire que le prince était guéri avant que Cagliostro l'eût visité. Du reste, Grimm, qui admet cette dernière version, paraît croire que Cagliostro était encore à Strasbourg lorsque le cardinal de Rohan l'appela pour son frère, et qu'il dut se rendre de cette ville à Paris, ce qui aurait laissé un intervalle suffisant pour qu'une heureuse révolution se fût opérée dans l'état du malade. Mais Grimm a été induit en erreur sur la circonstance essentielle. Il est certain qu'à cette époque, le grand thaumaturge avait déjà établi son officine et son laboratoire à Paris, et que pour se transporter à l'hôtel Soubise, il n'eût qu'à monter dans le carrosse du cardinal. On peut voir, d'ailleurs, dans sa Correspondance, que Grimm, à cette exception près, rend toute justice aux succès et au désintéressement de cet aventurier relativement à sa pratique médicale.

« Quelques personnes de la société de M. le Cardinal, dit-il, ont été à portée de consulter Cagliostro ; elles se sont fort bien trouvées de ses ordonnances, et n'ont jamais pu parvenir à lui faire accepter la moindre marque de reconnaissance. »

Et il ajoute, touchant le mystère dont cet étrange personnage enveloppait sa vie :

« On a soupçonné le comte d'avoir été l'homme de confiance de ce fameux M. de Saint-Germain, qui fit tant parler de lui sous le règne de Mme de Pompadour ; on croit aujourd'hui qu'il est fils d'un des directeurs des mines de Lima ; ce qu'il y a de certain, c'est qu'il a l'accent espagnol, et qu'il paraît fort riche. Un jour qu'on le pressait, chez Mme la comtesse de Brienne, de s'expliquer sur l'origine d'une existence si surprenante et si mystérieuse, il répondit en riant : « Tout ce que je puis vous dire, c'est que je suis né au milieu de la mer Rouge, et que j'ai été élevé sous les ruines d'une pyramide d'Égypte ; c'est là, qu'abandonné de mes parents, j'ai trouvé un bon vieillard qui a pris soin de moi ; je tiens de lui tout ce que je sais[7]. »

Cagliostro était alors au point culminant de sa renommée et de son crédit. Il voulut mettre ce moment à profit pour donner le couronnement à l'édifice de sa maçonnerie égyptienne. Les aspirants à la nouvelle franc-maçonnerie se présentaient en foule, et c'étaient, pour la plupart, des personnages très considérables ; mais il mit ordre à cet empressement par une application sévère de la maxime : beau-

---

[7] *Correspondance littéraire, philosophique et critique* de Grimm et Diderot, année 1785.

coup d'appelés et peu d'élus. Il déclara aux futurs adeptes « qu'on ne pouvait travailler que sous une triple voûte, » et qu'il ne devait y avoir ni plus ni moins de treize adeptes, lesquels, sous le nom de maîtres, et réunis dans un cénacle particulier, seraient les grands dignitaires de l'ordre maçonnique. Il va sans dire que ces hauts grades ne pouvaient être conférés qu'à des sommités sociales ; mais, pour ceux qui les ambitionnaient, il y avait encore d'autres conditions :

« Ils devaient être, dit Grimm, dans sa Correspondance, purs comme les rayons du soleil, et même respectés de la calomnie, n'avoir ni femmes ni enfants, ni maîtresses, ni jouissances faciles ; posséder une fortune au-dessus de cinquante-trois mille livres de rente, et surtout cette espèce de connaissance qui se trouve rarement avec de nombreux revenus. »

Des événements qui suivirent empêchèrent la formation du cénacle projeté. Nous en sommes dès lors réduit à des conjectures sur ce que Cagliostro méditait de faire avec ces treize personnages nobles, instruits, garçons ou veufs, chastes et riches. Sans doute il les avait séduits par le prospectus d'une franc-maçonnerie transcendante, dont tous les usages tiendraient du surnaturel, « où l'on vit des spectres et des démons, où l'esprit des adeptes fût magiquement entraîné loin de cette misérable planète que nous habitons[8]. »

Cagliostro avait promis sans doute aux membres de ce cénacle d'élite, outre la vision béatifique, fruit

---

[8] J. B. Gouriet, *Personnages célèbres dans les rues de Paris, depuis une haute antiquité jusqu'à nos jours.* Paris, 1811, in-8, t. I, p. 260.

de la régénération morale de l'homme, de leur communiquer encore, soit l'immortalité, soit une prolongation de la vie, effet de la régénération physique. Il est certain qu'il affirmait jouir pour lui-même de ce privilège d'une longévité extraordinaire. Une pièce curieuse, quoique évidemment satirique, qui a été conservée, peut jeter quelque lumière sur ce point. Cette pièce a pour titre :

Secret de la Régénération, ou Perfection physique par laquelle on peut arriver à la spiritualité de 5557 ans (Bureau d'assurance du grand Cagliostro).

« Celui qui aspire à une telle perfection, doit, tous les cinquante ans, se retirer, dans la pleine lune de mai, à la campagne avec un ami ; et là, renfermé dans une chambre et dans une alcôve, souffrir pendant quarante jours la diète la plus austère, mangeant très peu, et seulement de la soupe légère, des herbes tendres, rafraîchissantes et laxatives, et n'ayant pour boisson que de l'eau distillée ou tombée en pluie dans le mois de mai. Chaque repas commencera par le liquide, c'est-à-dire par la boisson, et finira par le solide, qui sera un biscuit ou une croûte de pain. Au dix-septième jour de cette retraite, après avoir fait une petite émission de sang, on prendra de certaines gouttes blanches, dont on n'explique pas la composition, et on en prendra six le matin et six le soir, en augmentant de deux par jour jusqu'au trente-deuxième jour.

« Alors, on renouvellera la petite émission de sang au crépuscule du soleil. Le jour suivant on se met au lit, pour n'en plus sortir qu'à la fin de la quarantaine, et là, on avale le premier grain de matière première. Ce grain est le même que Dieu créa pour rendre l'homme immortel, et dont l'homme a perdu la connaissance par le péché ; il ne peut l'acquérir de nouveau que par une grande faveur de l'Éternel, et par les travaux maçonniques. Lorsque ce grain est pris, celui qui doit être rajeuni perd la connaissance et la parole pendant trois heures ; et, au milieu des convulsions, il éprouve une grande transpiration et une évacuation considérable. Après que le patient est revenu, et qu'il a été changé de lit, il faut le restaurer par un consommé fait avec une livre de bœuf sans graisse, mêlé de différentes herbes propres à réconforter.

« Si le restaurant le remet en bon état, on lui donne, le jour suivant, le second grain de matière première dans une tasse de consommé qui, outre les effets du premier, lui occasionnera une très grande fièvre, accompagnée de délire, lui fera perdre la peau et tomber les cheveux et les dents. Le jour suivant, qui est le trente-cinquième, si le malade est en force, il prendra pendant une heure un bain qui ne sera ni trop chaud, ni trop froid. Le trente-sixième jour, il prendra, dans un petit verre de vin vieux et spiritueux, le troisième et dernier grain de matière première, qui le fera tomber dans un sommeil doux et tranquille ; c'est alors que les cheveux commenceront à repousser, les dents à germer, et la peau à se rétablir. Lorsqu'il sera revenu à lui-même, il se plongera dans un nouveau bain d'herbes aromatiques, et le trente-huitième jour dans un bain d'eau ordinaire. Le bain étant pris, il commencera à s'habiller, et à se promener dans la chambre, et le trente-neuvième jour, il avalera dix gouttes du baume du grand maître dans deux cuille-rées de vin rouge ; le quarantième jour, il quittera la maison tout à fait rajeuni et parfaitement régénéré.

« ... Nous ne devons pas oublier de dire que l'une et l'autre méthode[9] est prescrite également pour les femmes, et que, dans ce qui regarde la régénération physique, il est enjoint à chacune de se retirer ou sur une montagne ou à la campagne, avec la seule com-pagnie d'un ami, qui doit lui donner tous les secours nécessaires, et principalement dans les crises de la cure corporelles[10]. »

Quoi qu'il en soit de l'authenticité du texte qu'on vient de lire, il est certain que Cagliostro parlait de sa recette pour la régénération physique avec toute l'assurance d'un homme qui l'a plusieurs fois expé-rimentée sur lui-même. Dans le Malade imaginaire, lorsque la jeune et espiègle servante d'Argant se fait présenter à son maître travesti en médecin, et que, voulant lui prouver par un exemple l'excellence du traitement qu'elle lui prescrit, elle n'hésite pas à se doter de quatre-vingt-dix ans, on est tenté de trouver le chiffre exagéré, même pour une charge comique. Cagliostro l'eût jugé trop timide pour le théâtre où il opérait : il se donnait un âge fabuleux, infini, le loin-tain ténébreux dans lequel il cachait sa naissance ne permettant pas de le calculer. Parfois même, se las-

---

[9] Il n'y a qu'une méthode indiqués ci-dessus : l'autre, que nous n'avons pas, est sans doute celle qui conduit à la régénération morale.

[10] Gouriet, *Personnages célèbres dans les rues de Paris*, t. I, p. 284-288.

sant de n'être qu'immortel, il voulait faire croire à son éternité ; et, usurpant les paroles de l'Évangile où Jésus-Christ s'exprime comme personne divine, il disait : Je suis celui qui est, *Ego sum qui sum.*

Quelquefois ce grand thaumaturge aimait à plaisanter sur son âge, et les excentricités qu'il se permettait sur cette question ne lui faisaient rien perdre de son crédit. On raconte que, parcourant un jour la galerie des tableaux du Louvre, il s'arrêta devant la magnifique Descente de croix de Jouvenet, et se prit à pleurer. Comme il n'était guère possible de mettre ses larmes sur le compte de l'émotion artistique, quelques personnes présentes s'enquirent avec intérêt de la cause de sa douleur.

« Hélas ! répondit Cagliostro, je pleure la mort de ce grand moraliste, de cet homme si bon, d'un commerce infiniment agréable, et auquel j'ai dû de si doux moments. Nous avons dîné ensemble chez Ponce Pilate.

— De qui parlez-vous donc ? interrompit M. de Richelieu stupéfait.

— De Jésus-Christ ; je l'ai beaucoup connu. »

Cagliostro avait un valet, ou intendant, qui le secondait à merveille par son silence mystificateur, et qui, lorsqu'il se décidait à parler, était au moins de la force de son maître. À Strasbourg, M. d'Hannibal, seigneur allemand, le saisit un jour par l'oreille, et, d'un ton moitié goguenard, moitié furieux :

« Maraud, fit-il, tu vas me dire cette fois l'âge véritable de ton maître !

Notre homme de prendre alors une mine réfléchie

et concentrée, et, un instant après, comme un vieillard qui vient de fouiller profondément dans sa mémoire :

« Écoutez-moi bien, monsieur, répondit-il ; je ne saurais vous donner l'âge de M. le comte ; cela m'est inconnu. Il a toujours été pour moi ce qu'il est pour vous, jeune, gaillard, buvant sec et dormant fort. Tout ce que je puis vous dire, c'est que je suis à son service depuis la décadence de la république romaine ; car nous sommes tombés d'accord sur mon salaire précisément le jour où César périt assassiné dans le sénat.

Les privilèges et dons précieux, offerts en appât aux futurs membres du cénacle des treize, étaient si séduisants, que le nombre des élus semblait trop restreint pour satisfaire à toutes les candidatures d'élite suscitées par le prospectus. Un des postulants les plus empressés, le duc de ***, osa faire à ce sujet des représentations au grand cophte.

« Il y a tant de gens, lui dit-il, à qui il vous sera impossible de refuser un grade éminent, et qui ont des droits à l'obtenir ! Comment n'admettrez-vous pas tel conseiller au parlement, qui magnétise comme un autre Mesmer, qui a combattu l'arrêt de la grand'chambre contre les novateurs physiciens ? Comment refuserez-vous le duc de Ch..., qui fait de l'or, des liqueurs et des teintures stomachiques au moyen desquelles ce vieillard triomphe des atteintes de l'âge ? Que répondrez-vous à Mme la comtesse de M..., qui, après avoir fait un cours complet de chimie chez Demachi, a établi chez elle un laboratoire où ses femmes, son cocher, son jardinier, son cuisinier et jusqu'à son marmiton, sont obligés de travailler ? Et le président de V..., qui, sur les fleurs de lis de son siège, rêve d'alchimie, le repousserez-vous ? Aurez-vous assez de pouvoir pour ne pas admettre au premier rang un grand prince, amiral, architecte, banquier, directeur de spectacle, grand joueur, arbitre de la mode, cité pour ses chevaux, pour ses fêtes et pour l'éducation philosophique qu'il a fait donner à ses enfants ? Il vous sera impossible de refuser des gens ayant de pareils titres et une telle influence. Vous serez débordé. Augmentez, augmentez le cénacle. »

Cagliostro ne se rendait pas à ces raisons, et pourtant il en sentait toute la force. Pendant qu'il hésitait, qu'il ajournait, voulant, disait-il, se donner le temps de réfléchir, le temps amena un événement qui coupa court à toutes ses réflexions, et porta violemment l'intérêt du public sur un tout autre sujet. Paris n'eut pas son cénacle égyptien, mais la France eut un drame dans lequel Cagliostro dut accepter, malgré lui, un rôle qui le fit bien déchoir, car ce rôle fut celui d'un simple comparse. C'est qu'il se trouva, qu'en fait d'audace, tous les acteurs de ce drame étaient plus forts que lui.

CHAPITRE IV

L'AFFAIRE DU COLLIER

Par esprit de subordination conjugale, ou par une politique concertée entre elle et son époux, Lorenza Feliciani semblait mettre toute sa gloire à s'effacer devant lui. Pour faire adorer de la foule l'homme divin auquel elle s'était unie, Lorenza l'adorait elle-même, et plus humblement que personne. Elle se tenait à une respectueuse distance de sa face olympienne, trop heureuse si, parfois, un rayon perdu de ce front lumineux venait percer l'ombre où elle se tenait cachée. À Strasbourg, on l'a vue s'occuper de débarbouiller et de vêtir les colombes qui servaient aux opérations du grand cophte. C'est dans des soins aussi vulgaires que se renfermait habituellement son assistance à l'œuvre merveilleuse de son mari. Dans cette maison de la rue Saint-Claude, où celui-ci recevait son monde, et accordait ses consultations au milieu d'un somptueux appartement, Lorenza s'était arrangé une existence retirée, et, en quelque sorte, claustrale. Elle n'était visible qu'à certaines heures, et pour certaines personnes choisies, devant lesquelles elle affectait néanmoins de se produire toujours sous des costumes prestigieux.

Tel avait été depuis longtemps le train de vie ordinaire de Lorenza, à Paris. Mais, après ce maître coup de filet par lequel elle avait rapporté au ménage trente-six souscriptions à cent louis chacune, c'est-à-dire le beau denier sonnant de 86 400 livres, il aurait été contraire aux lois d'une bonne économie domestique de ne pas laisser un peu plus de champ à l'exercice des puissantes facultés attractives dont elle était douée. Ce changement devait être la conséquence nécessaire de la grande scène où Lorenza s'était manifestée avec tant d'avantages. Après les fantasmagories de la rue Verte, et le souper qui avait suivi la séance de magie blanche, la Grande maîtresse était donc entrée dans ce courant de célébrité et de gloire qui, jusque-là, n'avait porté que le nom de Cagliostro. Sa beauté faisait l'entretien de la cour et de la ville, et c'étaient trente-six femmes, belles elles-mêmes, haut placées dans le monde, qui se chargeaient de la préconiser. Devenue, grâce à ces dignes protectrices, l'objet d'une curiosité universelle, Lorenza Feliciani vit bientôt son entourage s'augmenter, et elle ne sut pas toujours faire un choix réfléchi parmi tant de nouvelles amies auxquelles elle était exposée. À la suite des femmes, quelques hommes se glissèrent chez elle, et il s'en trouva qui osèrent lui parler d'amour.

Ici la chronique est un peu confuse. Il est presque avéré que, parmi ces soupirants, elle en distingua un, jeune et beau, qu'on nommait le chevalier d'Oisemont. Mais à quel degré s'arrêta ou ne s'arrêta point cette préférence, c'est ce que la chronique, aidée par les plus méchantes langues, n'a pu suffisamment déterminer ; incertitude profondément regrettable dans une matière où la précision fait tout. On parle cependant d'apparences tellement significatives, que Cagliostro, pour la première fois de sa vie, aurait été jaloux ; mais nous, qui en savons sur son caractère beaucoup plus que nos lecteurs ne peuvent encore en savoir, nous accordons tout au plus qu'il feignit de l'être. La même chronique veut, d'ailleurs, qu'il s'absente de Paris en ce temps-là même, ce qui ne peut se concilier avec sa jalousie.

Quoi qu'il en soit, ce serait pendant cette absence de Cagliostro que des rendez-vous auraient été donnés et acceptés entre Lorenza et le beau chevalier d'Oisemont. Un jour qu'ils étaient en tête-à-tête, une des nouvelles connaissances de Lorenza, nommée Mme de La Motte, les surprit, et devina, à leur trouble, une passion qu'ils n'essayèrent pas de dissimuler.

« J'ai votre secret, dit Mme de La Motte à Lorenza, quand le chevalier se fut retiré ; je n'en abuserai pas, mais je mets une condition à mon silence : vous me servirez auprès de votre mari, vous ferez tout au monde pour que je devienne l'amie de la maison et que j'y aie mes entrées libres. Enfin, vous préparerez si bien les choses, que Cagliostro mette à ma disposition sa science prodigieuse et son habileté, si jamais j'ai besoin de ses services. »

Un pareil engagement pouvait mener fort loin ; mais Lorenza, — elle était nécessairement coupable ou penchait à le devenir, — l'imprudente Lorenza, promit tout ce qu'on voulut, et dès ce moment elle fut vendue au diable.

C'était, en effet, une créature infernale que cette dame de La Motte. Venue on ne sait d'où, élevée par les bienfaits d'une noble famille, elle avait la prétention d'appartenir à l'illustre maison des comtes de

Saint-Rémy-Valois. On la croyait sur parole dans ces sociétés équivoques qu'on appellerait aujourd'hui le demi-monde; et dans le grand monde, où elle commençait à avoir un pied, on souffrait qu'elle se vantât d'une origine qui faisait couler du sang royal dans ses veines. Mais cette prétendue descendante des Valois était surtout une audacieuse intrigante. Elle avait rencontré un gentilhomme de contrebande qui, en l'épousant, lui avait donné le titre de comtesse. Ce couple admirablement assorti vivait d'expédients et de friponneries. Sans cesse à l'affût des dupes, cherchant partout des simples à exploiter, il était affilié secrètement à une bande de redoutables escrocs qui infestaient alors la capitale. À cette société perverse, il fallait un grand théâtre pour exécuter de grands coups. Jeune encore, belle, séduisante, sans compter sa fatale industrie, la comtesse de La Motte était pour tous un agent de la plus grande valeur. La voilà donc introduite, et bientôt impatronisée dans la maison de Cagliostro, où l'on pouvait apprendre beaucoup de choses, rencontrer un grand nombre de personnes, et trouver l'occasion de préparer quelques grandes scélératesses.

Ayant, de cette manière, pris position chez Cagliostro, Mme de La Motte se mit à ourdir ses intrigues, l'œil aux aguets sur ce qui se passait autour d'elle, et l'esprit tendu à chercher quelque bonne pratique. Elle ne fut pas longtemps sans trouver son affaire.

Elle connaissait déjà le cardinal de Rohan. Ses relations avec Son Éminence devinrent naturellement plus fréquentes dans les salons de Cagliostro. Depuis la guérison du prince de Soubise, les Rohans appartenaient à ce grand thaumaturge, comme lui-même, par l'influence de Lorenza, doit désormais appartenir à Mme de La Motte. En peu de temps, notre intrigante était entrée dans l'intimité du cardinal, qui lui fit témérairement diverses confidences, entre autres celle de l'éloignement que Marie-Antoinette avait pour lui, et qu'aucune marque de respect ou de dévouement de sa part n'avait encore pu vaincre. Grand aumônier, sa charge, qui le faisait approcher si souvent des personnes royales, ne lui avait fourni que trop d'occasions de reconnaître jusqu'à quel point il déplaisait. Cet éloignement de la reine pour le cardinal était réel, et c'était peut-être tout ce qu'il y a jamais eu de certain dans tout ce qu'on a dit à propos des rapports de la reine avec le prince de Rohan.

Plusieurs écrivains ont fait remonter la cause de cette antipathie jusqu'à l'époque du mariage de Marie-Antoinette, alors que M. de Rohan, ambassadeur de France à Vienne, et un des plus beaux hommes de son temps, passait pour être au mieux avec l'impératrice d'Autriche, l'austère Marie-Thérèse. La jeune archiduchesse, fille de Marie-Thérèse, conserva-t-elle contre le prince de Rohan quelque ressentiment en raison de cette intimité, malignement interprétée par l'opinion, ou bien eut-elle à s'offenser de quelques prétentions qui se seraient adressées à sa propre personne ? Notre tâche n'est pas de résoudre les problèmes de l'histoire secrète des cours. Parmi bien des conjectures, plus ou moins hasardées, nous avons noté les deux qui précèdent, et entre lesquelles le lecteur pourra choisir, s'il ne préfère pas admettre tout simplement entre nos deux personnages une antipathie naturelle. Ce qui est avéré, c'est que la princesse d'Autriche, devenue reine de France, montra toujours des dispositions peu favorables à celui dont sa mère avait hautement apprécié le mérite.

Or, précisément vers le temps où le cardinal de Rohan épanchait ainsi ses chagrins dans le sein de Mme de La Motte, le nom de la reine était cité avec admiration par toutes les bouches, à l'occasion d'un acte vraiment louable, quand même il n'eût été inspiré que par une bonne politique. Cette année 1786 avait commencé sous les plus tristes auspices. Dès les premiers mois, le blé manquait dans le plus grand nombre des provinces ; la spéculation aidant, la disette était bientôt devenue la famine. L'approvisionnement de Paris ne put être assuré ni par les mesures sévères, mais tardives, que Louis XVI prit contre les accapareurs, ni par quelques sacrifices personnels qu'il s'imposa. Depuis le commencement de son règne, il avait introduit de sages réformes dans les dépenses de la cour ; mais l'État était depuis longtemps obéré, sans crédit, et la cassette royale, qui suivait nécessairement le niveau des finances de l'État, dans lesquelles elle s'alimentait, ne laissait à la bienfaisance du roi que des moyens étroits ou précaires. Telle était la pénurie d'argent que, dans les premiers mois de l'année, la reine, qui avait fait l'acquisition de quelques brillants pour compléter son écrin, dut prendre des termes pour en effectuer le paiement. On disait, d'ailleurs, que franchement convertie à l'esprit de réforme et d'économie dont le roi était animé, elle avait obtenu de lui la promesse de ne plus rien acheter pour elle en fait de bijoux. Cette modération, conforme aux idées du jour, plaisait aux philosophes et obtenait les applaudissements du public, mais elle ne faisait pas le compte du joaillier de la couronne.

Bœhmer, ce joaillier, était un spéculateur hardi, lancé dans de grandes affaires, et, pour le moment, un peu trop chargé des importants achats de bijoux qu'il avait faits, dans des prévisions que trompait cruellement une cour économe et philosophe. Il fallait, pour lui, vendre ses bijoux ou succomber. Il résolut donc de livrer l'assaut au nouvel esprit économique de la cour.

Il connaissait le faible de Marie-Antoinette pour les diamants. Parmi ceux qu'il avait réunis à grands frais, dans ses folles prévisions, il y en avait de très beaux, de l'eau la plus pure et du plus éblouissant éclat. D'un choix intelligent de ces diamants magnifiques, il composa, avec tout son art, cette parure, vraiment royale et même trop royale pour le temps, qui, sous le nom du collier, a gardé dans l'histoire une si scandaleuse célébrité. Le prix de cette merveille ne s'élevait pas à moins de seize cent mille francs. Bœhmer la présenta un jour au premier gentilhomme de la chambre. Celui-ci en parla au roi, qui parut, dit-on, sur le point de céder. Peut-être feignit-il cette complaisance pour la reine, afin de lui réserver le mérite d'un refus, qu'elle exprima nettement, en l'accompagnant de ces paroles, vraiment dignes d'être répétées, comme elles le furent bientôt par toutes les bouches : « Avec le prix de ce collier, on construirait un navire pour le service du roi et de l'État. »

Ainsi éconduit, Bœhmer ne se tint pas pour battu.

Quelques semaines après, il se présentait chez la reine, son écrin à la main, et là, joignant le drame à la fascination, il se jetait aux pieds de Marie-Antoinette, pleurant, se désespérant, assurant qu'il était ruiné si on ne lui achetait son collier ; il parlait même d'aller se jeter dans la rivière.

La reine, prenant le ton d'une sévérité émue, lui répondit : « Relevez-vous, monsieur Bœhmer. Je n'aime pas de pareilles scènes ; les honnêtes gens n'ont pas besoin de supplier à genoux. Je vous regretterais si vous vous donniez la mort, mais je ne serais pas responsable de ce malheur. Non seulement, je ne vous ai pas demandé un collier de diamants ; mais toutes les fois que vous m'avez fait proposer de nouvelles parures, je vous ai dit que je n'ajouterais pas quatre brillants à ceux que je possède. J'ai donc refusé ce collier. Le roi a voulu me le donner ; j'ai remercié. Ne me parlez plus de cela, ne m'en parlez jamais. Tâchez de diviser le collier et de le vendre. Je vous sais très mauvais gré de vous être permis cette scène en ma présence et devant cette enfant (elle désignait Madame Royale). Qu'il ne vous arrive jamais de choses semblables. Allez, monsieur. »

Après cette déconvenue, Bœhmer comprit que toute nouvelle tentative directe pourrait lui coûter son titre de joaillier de la couronne. Il se tourna donc d'un autre côté. Il adressa ses propositions à diverses cours de l'Europe, mais il ne fut pas plus heureux.

Pour ôter à la reine le souvenir d'une scène pénible, on fit courir le bruit dans son entourage, que les diamants avaient été achetés pour le compte du Sultan.

Comme, après tout, Bœhmer ne s'était pas jeté dans la Seine, Marie-Antoinette avait le droit de goûter sans trouble la gloire d'un refus qui lui valait une si douce popularité.

Cependant, il y avait de par le monde une personne qui ne voulait pas admettre qu'une pareille gloire fût sans amertume. Elle prétendait qu'une femme, même une reine, qui refuse une parure de seize cent mille francs, remporte sur elle-même une victoire tellement pénible, tellement contre nature, qu'on ne doit jamais la croire définitive. La personne qui philosophait ainsi était Mme de La Motte, et le cardinal de Rohan qui l'écoutait, commença à la considérer d'une façon singulière. Il demeurait étonné de la profondeur de cette philosophie, qui, dans le fait, était infernale. Il ne put s'empêcher d'abonder dans l'opinion que Marie-Antoinette, dont il connaissait d'ailleurs le faible pour les diamants, eût été moins héroïque, sans la question pécuniaire qui l'avait forcée de faire contre fortune bon cœur. Mais, bien ou mal fondé, qu'importait ce jugement après coup, impossible même à vérifier, puisque la question pécuniaire... Attendons un peu la succession des œuvres de Mme de La Motte, qui ne faisait pas de la philosophie purement spéculative.

Quelques jours après cet entretien, elle vint trouver le cardinal, et prenant un air d'amie empressée qui apporte une bonne nouvelle :

« Eh bien ! monseigneur, lui dit-elle, voilà une belle occasion, une occasion unique pour vous réconcilier avec Sa Majesté la reine, pour conquérir sa confiance et gagner même ses bonnes grâces.»

Émerveillé de ce début, le cardinal la pria de s'expliquer promptement. Elle le remit sur l'affaire du collier, et au moyen d'une histoire tissue avec un art infini, elle parvint à lui persuader que la reine n'avait pas renoncé à l'envie de posséder cette magnifique parure ; mais que, ne voulant pas obérer la cassette du roi d'un achat si onéreux, elle avait formé le projet d'acquitter elle-même toute la somme sur ses économies en prenant des termes : « Seulement, ajouta-t-elle, il faudrait trouver un personnage considérable qui fût le prête-nom de Sa Majesté, et qui inspirât assez de confiance au joaillier pour que celui-ci livrât les diamants.»

En disant ces mots, elle regardait le cardinal, à qui la tête avait déjà tourné. Sa vanité d'homme était extrême, mais ici sa vanité de Rohan aurait suffi. Il se sentait enflé de toute la gloire de ce nom, dont la grandeur singulière et indéfinie donnait à ceux qui le portaient la prétention de prendre un rang à part auprès des rois[11] ; et il se dit qu'un Rohan seul pouvait se présenter sans offense pour rendre service à la reine. Passant de l'exaltation à la tendresse, il ne répondit à Mme de La Motte qu'en l'appelant son ange de bonheur, ajoutant qu'il mettait à sa disposi-

---

[11] On sait que la devise des Rohans était : « Roi, ne puis ; prince ne daigne ; Rohan suis ». Un des membres de la famille disait à propos de la faillite de Rohan-Guinguéné, vers la fin du dix-huitième siècle : « N'importe ! on dira en Europe qu'il n'y avait qu'un roi ou un Rohan qui pût faire une faillite de quarante millions.»

tion toute sa fortune. Il voulait dire tout son crédit, car, en grand seigneur qu'il était, le cardinal de Rohan avait toujours si bien tenu à honneur de ne pas équilibrer ses dépenses avec ses revenus, fort considérables d'ailleurs, que pour lui la question pécuniaire devenait aussi une question. Il s'agissait cette fois de seize cent mille livres !

Mme de La Motte apportait un plan tracé d'avance, au moyen duquel toute difficulté était levée. Elle avait fait croire à M. de Rohan qu'elle avait des relations secrètes avec la reine, pour certains services officieux. À sa première entrevue avec Sa Majesté, elle devait lui apprendre que le cardinal se mettait à ses ordres. De son côté, le cardinal proposait de se rendre caution de la reine, de se mettre en son lieu et place vis-à-vis de Bœhmer, et de lui souscrire plusieurs billets à échéances successives pour le montant du prix du collier. On obtiendrait de la reine la promesse qu'avant l'échéance de chaque billet, elle en ferait passer les fonds au cardinal par les mains de Mme de La Motte : c'était de l'argent sûr.

M. de Rohan trouva cette combinaison très heureuse. Les félicités que son ange lui faisait entrevoir furent encore exaltées par l'assurance que trois jours ne se passeraient pas sans que Mme de La Motte obtint une audience particulière de la reine, à laquelle elle ferait agréer tout cet arrangement. Ayant laissé sa dupe ainsi préparée, l'intrigante alla travailler à l'exécution d'un autre plan, conçu avec une audace et une perversité vraiment diaboliques.

Disons d'abord, quant au but de Mme de La Motte,

qu'elle n'avait pas simplement médité, comme on pourrait le supposer, d'intercepter l'argent d'un des billets souscrits à Bœhmer, et de disparaître avec cette fiche. Elle n'entrait pas au jeu avec cette petitesse d'ambition qui fait qu'on se contente de la partie, quand on peut, moyennant quelque risque, espérer d'enlever le tout.

C'était au collier lui-même qu'elle en voulait ; c'était donc le collier qu'il s'agissait de faire passer entre ses mains, par une manœuvre qui exigeait l'aide et le concours de plusieurs agents.

Il faut ici faire sortir de l'ombre où ils se sont tenus cachés jusqu'à présent, deux personnages que leur habileté spéciale, et leur intimité avec Mme de La Motte, appelaient les premiers à la seconder dans l'exécution de son entreprise, comme ils en avaient sans doute dressé le plan avec elle. C'est d'abord son mari, le comte de La Motte, escroc consommé, et, à ce titre, tenu en grande considération dans la bande de scélérats à laquelle il appartenait ; c'est ensuite un sieur Villette, de la même bande, ami de La Motte, escroc non moins habile, et surtout très exercé dans l'art de contrefaire les écritures. Ce dernier trouva bientôt l'emploi de son talent.

Quatre ou cinq jours après l'entretien que nous avons rapporté, Mme de La Motte, toute radieuse, vint trouver le prince de Rohan, apportant un billet où le cardinal reconnut, sans hésitation, la main royale de Marie-Antoinette : c'était l'acceptation des bons offices de M. de Rohan, et l'autorisation d'acheter le collier, pour le compte privé de la reine, par les moyens proposés. Bœhmer fut mandé sur-le-champ par le cardinal. Toujours embarrassé de son collier, il ne demanda pas mieux que d'accepter la caution qui lui était offerte.

L'affaire marchait de ce train rapide, quand la faiblesse d'esprit du cardinal l'arrêta pour un moment. Avant de faire un pas de plus, il voulut consulter le génie divin de Cagliostro. Notre aventurier, qui, sans doute, avait eu vent de quelque chose, essaya de se soustraire à cette épreuve. Invité à se rendre chez Son Éminence, il répondit cavalièrement : « Si le cardinal est malade, qu'il vienne et je le guérirai ; s'il se porte bien, il n'a pas besoin de moi, ni moi de lui. »

Le cardinal ne s'offensa ni se rebuta de cette réponse ; il n'en devint même que plus pressant, et il devait nécessairement l'emporter, deux femmes étant conjurées avec lui pour forcer le rebelle Protée à rompre le silence en sa faveur. La consultation eut lieu dans une chambre de l'hôtel de Rohan, à huis clos, pendant la nuit, en présence de trois ou quatre adeptes discrets, initiés aux mystères de la philosophie hermétique et avec le secours habituel des colombes. Sous un costume d'une étrange magnificence, on vit le grand magicien s'avancer, et suivre d'un regard attentif les mouvements d'une matière mise en ébullition par le feu dans un bassin d'or. Cette inspection terminée, Cagliostro parut se recueillir ; puis, s'animant tout à coup, et comme vivement ému par la vision qu'il venait d'avoir, il dit :

« La négociation entreprise par le prince est digne de lui ; elle aura un plein succès ; elle mettra le comble aux faveurs d'une grande reine, et fera briller le jour fortuné où le royaume de France jouira d'une prospérité sans égale, sous l'influence des talents et de la prépondérance de Louis de Rohan. »

Cagliostro ne se donnait pas la peine de mesurer ses flatteries ; il connaissait sa dupe, et savait qu'on ne pouvait rien prédire de trop brillant à ce crédule et vaniteux personnage.

Cet oracle fut rendu le 29 janvier. Dès le lendemain, le cardinal reçut, en échange des billets signés de lui, l'écrin contenant les précieux diamants, qui ne devaient pas tarder à passer de ses mains dans celles de Mme de La Motte. « L'intention de la reine, lui dit cette intrigante, est de porter cette parure pour la première fois le jour de la fête de la Purification. Marie-Antoinette, ajouta-t-elle, qui est en ce moment à Trianon, doit envoyer prendre les diamants chez moi, à Versailles. »

Le cardinal crut tout cela. Du reste, Mme de La Motte l'avait invité à se rendre, de sa personne, à Versailles, pour être témoin de la remise du coffret à l'homme de confiance de Sa Majesté. Le cardinal n'eut garde de manquer l'heure du rendez-vous : c'était pour lui le commencement de la félicité suprême. Mme de La Motte prit de sa main le précieux coffret, et le posa sur une table. Quant à lui, on le fit placer, comme un amoureux, dans un cabinet à porte vitrée donnant sur la pièce, de manière à ce qu'il pût tout voir et tout entendre. Au bout de quelques minutes, on annonça à voix haute : De la part de la reine ! et l'heureux cardinal put voir Mme de La Motte prendre l'écrin, et le remettre au personnage muet qui venait d'entrer, et dans lequel il reconnut positivement le valet de chambre de service à Trianon. Il n'y avait qu'un homme ensorcelé par l'amour ou par Cagliostro, pour posséder à ce degré transcendant le don des reconnaissances.

Cependant, la fête religieuse de la Purification tombait le lendemain. Qu'on juge avec quelle douloureuse distraction le grand aumônier dut accomplir ce jour-là son ministère, quand il ne vit pas figurer au cou de la reine la magnifique parure ! Point de collier à la messe, ni au cercle du roi, ni dans la soirée ! Pour comble de désappointement, le cardinal crut même s'apercevoir que Marie-Antoinette le traitait avec plus de froideur qu'à l'ordinaire. Il y avait là une énigme dont il ne pouvait deviner le mot ; il courut le demander à Mme de La Motte, qui ne parut nullement embarrassée pour trouver des paroles rassurantes.

« N'avez-vous pas, monseigneur, lui dit-elle, la lettre de Marie-Antoinette qui consent à accepter votre intermédiaire, et qui vous assure de sa reconnaissance ? Avec une telle pièce, que redoutez-vous ? La reine, pour ne surprendre personne, arrivera par gradation, peu à peu, insensiblement, à un changement de ton et de manières envers vous. Elle a trop de finesse pour brusquer un tel changement. Cela donnerait lieu à beaucoup d'étonnement, et l'on ferait mille suppositions plus fâcheuses les unes que les autres. »

Satisfait de cette explication, le cardinal se retira, laissant Mme de La Motte moins tranquille que lui.

Elle comprenait, en effet, qu'avec le temps, les plus belles raisons deviendraient fort mauvaises.

Le collier, est-il nécessaire de le dire, voyageait, loin de Trianon, entre les mains des deux maîtres escrocs, dont l'un avait eu l'audace de venir le prendre sous les yeux mêmes du cardinal. À peine Villette, le prétendu valet de chambre de la reine, avait-il été nanti du précieux objet, qu'il s'était hâté de rejoindre le comte de La Motte, et tous les deux avaient pris sur-le-champ la route de l'Angleterre, où leur projet était de diviser et de vendre les diamants. Ils employèrent plusieurs mois à cette opération, qui n'était pas sans difficulté ou même sans péril, et durant tout ce temps, leur complice, restée à Versailles, sentait peser immédiatement sur elle seule le poids d'un crime, toujours sur le point d'être découvert.

Dire quelles ressources d'imagination et d'audace elle déploya pour ajourner ce quart d'heure inévitable, en amusant le cardinal, serait une entreprise à désespérer les plus habiles narrateurs. Il arriva pourtant un moment où M. de Rohan ne voulut plus être amusé. Il trouva que la reine se déguisait trop. Non seulement elle s'obstinait à ne point se parer de ces diamants si longtemps et si vivement désirés, mais elle gardait toujours à son égard la même réserve, la même froideur, le même dédain. Et pourtant, circonstance critique! le premier billet souscrit à Bœhmer, allait échoir. Mme de La Motte voyait bien que, sans de nouvelles lettres de Marie-Antoinette, il lui serait impossible de le contenir plus longtemps. Mais le faussaire dont elle avait besoin était à Londres; elle lui écrivait par tous les courriers, et le mandait dans des termes qui étaient de véritables cris de détresse.

Enfin Villette arrive. Il se met à l'œuvre avec son habileté ordinaire. Bientôt, le cardinal put reconnaître une seconde fois la royale main de Marie-Antoinette dans un nouveau billet, dont la lecture l'émut jusqu'aux larmes, mais qui ne contenait aucune mention des trois cent mille francs promis pour le premier paiement du prix du collier. Il en parla à Mme de La Motte, qui eut l'air de s'ouvrir en toute sincérité avec lui sur ce chapitre intéressant : « Je vois, dit-elle, la reine embarrassée pour cet argent ; elle ne vous l'écrit pas pour ne pas vous tourmenter ; mais, monseigneur, vous feriez certainement une chose qui lui serait agréable en vous chargeant de l'avance de ces trois cent mille francs. »

Le cardinal n'avait pas cet argent, sa confidente devait s'en douter. Il ne fallait pas penser à prier Cagliostro de le lui fabriquer, comme elle en donna le conseil. Il en avait coûté cent mille francs au prince pour reconnaître, à Strasbourg, que Cagliostro faisait effectivement de l'or alchimique, mais après six semaines de préparation, sans compter les grands frais nécessaires pour l'alimentation de ses fourneaux.

Heureusement, Mme de La Motte avait mieux qu'un souffleur à son service pour sortir de ce premier embarras. Elle avait fait la connaissance d'un Anglais fraîchement débarqué à Paris, très riche capitaliste qui s'appelait M. de Saint-James, et qui n'ayant plus rien à désirer du côté de la fortune, poursuivait les honneurs. On voulut d'abord lui procurer celui d'obliger un Rohan, un prince de l'Église, un grand aumônier de la couronne, et on lui fit entendre qu'un pareil service rendu à un si grand personnage, aurait pour récompense le cordon rouge. Le cardinal laissa la conduite de cette affaire à Mme de La Motte, qui l'eut bientôt menée à bonne fin.

Il était temps d'ailleurs. Influencé par ses promesses séduisantes, le financier Saint-James s'engagea à prêter, sur parole, trois cent mille livres au cardinal, et celui-ci put écrire triomphalement à la reine, pour lui offrir de mettre à ses pieds la somme nécessaire au premier paiement. Il va sans dire que Mme de La Motte fut chargée de remettre cette lettre, qu'elle garda ; mais comme elle n'avait pas alors son faussaire sous la main, la réponse se fit attendre. Villette, mandé de nouveau, revint à Paris, et le cardinal reçut un troisième billet de la même main, dans lequel la reine déclarait accepter ses offres, mais seulement pour la première échéance.

Le but de nos trois escrocs, autant qu'on en peut juger par leurs manœuvres, était d'amener le cardinal, d'expédients en expédients, à payer en entier le prix du collier, ou du moins à n'engager que lui seul dans cette dette énorme. Alors, plus d'éclat possible, plus de crise fâcheuse à redouter. La honte, autant que la prudence, ne commanderait-elle pas au prince le silence le plus absolu sur une aventure qui le couvrirait de ridicule, et dans laquelle, chose plus grave, le nom de la reine était mêlé ?

Il s'agissait donc d'exalter les folles espérances

du cardinal à un tel point qu'il fût déterminé à tous les sacrifices. C'était la tâche dévolue à Mme de La Motte. Nous avons vu avec quel succès elle s'en est acquittée jusqu'à présent; mais nous arrivons à son chef-d'œuvre.

Il y avait alors dans Paris une jeune personne nommée Leguay, que l'on ne pouvait regarder sans étonnement. Son imposante beauté, sa taille élégante, son profil, sa démarche, et jusqu'au son de sa voix, lui donnaient une parfaite ressemblance avec la reine. On a cru que Cagliostro lui-même l'avait désignée pour le rôle qu'on devait lui faire jouer dans la pièce des trois escrocs, mais il ne paraît pas qu'il ait fait autre chose que de la magnétiser, avec une foule de femmes de toutes les classes, qui fréquentaient la maison de la rue Saint-Claude. C'est là que Mme de La Motte l'avait rencontrée, et l'avait aussi magnétisée à sa manière. Cette fille très naïve et plus que légère, écouta les propositions de Mme de La Motte, ne voyant sans doute qu'un amusement dans la scène où on l'invitait à figurer, en lui donnant le nom de baronne d'Oliva. Mme de La Motte s'étant assurée de sa complaisance par quelques cadeaux et de magnifiques promesses, alla trouver le cardinal, et lui montra un nouvel écrit dans lequel la reine lui accordait un rendez-vous la nuit, dans un bosquet de Trianon. « Vous verrez Marie-Antoinette, ajouta-t-elle, et dans cette entrevue elle vous dira ce qu'elle ne pouvait pas vous écrire sur le retour de ses bonnes grâces. »

Il n'y avait plus rien de trop fort pour la crédulité du cardinal, tant cette femme audacieuse avait su le fasciner. Nous emprunterons, pour la scène qui va suivre, le récit d'un des plus récents biographes de Cagliostro.

« Dans la soirée du jour fixé et à l'heure dite, M. de Rohan, vête d'une redingote bleue, se trouva au rendez-vous indiqué, il s'était fait accompagner du baron de Planta, un gentilhomme de sa maison, qui attendit à une assez grande distance le retour de monseigneur.

« La nuit était limpide, éclairée par un faible clair de lune ; mais le bosquet désigné était assez sombre. Mme de La Motte, portant un domino brun, vint trouver M. de Rohan, et le prévint de l'arrivée de la reine. En effet, quelqu'un la suivait. Au frôlement d'une robe de soie, le prince, dont l'émotion était extrême, faillit se trouver mal. Mais, à la vue d'une femme, qui était la ressemblance vivante de la reine, il se ranima, et, ne doutant pas qu'il ne fût en présence de Marie-Antoinette, il salua profondément et baisa une main charmante qu'on lui abandonna. Au pâle rayon de la lune, monseigneur reconnut le profil de la reine, dont le costume, du reste, était d'une imitation parfaite ; c'était un de ces élégants négligés que Marie-Antoinette portait à Trianon. M. de Rohan commença en balbutiant un peu sa propre justification ; il allait expliquer toute sa conduite et parler de l'exaltation de ses sentiments, lorsque la fausse reine l'interrompit et lui dit à demi-voix, mais avec précipitation :

« Je n'ai qu'un moment à vous donner ; je suis contente de vous ; je vais bientôt vous élever à la plus haute faveur. »

Alors un bruit de pas se fit entendre près du bosquet. La prétendue reine en parut effrayée ; elle remit une rose à M. de Rohan, et lui dit tout bas : « Voilà Mme la comtesse d'Artois qui me cherche, il faut s'éloigner. »

« Le premier quitta le bosquet à l'instant même et du côté opposé. Il rejoignit le baron de Planta et Mme de La Motte, et leur fit part, avec une vive expression de chagrin, du contretemps survenu. Il ne se doutait de rien. Les bruits de pas qu'il avait entendus avaient été produits par un compère qui servait l'intrigue arrangée par Mme de La Motte. Quant à Mlle d'Oliva, elle disparut aussi[12]. »

Tous les acteurs avaient bien joué leurs rôles dans cette scène, trop courte pour le bonheur du cardinal. Ce fut là le tourment de sa nuit ; mais le lendemain un doux réveil l'attendait. Comment aurait-il douté des sympathies de sa royale amante, quand, le matin, Mme de La Motte lui apporta un nouveau billet, dans lequel Marie-Antoinette exprimait elle-même ses regrets de la fâcheuse interruption de la veille.

Dans son ivresse, le cardinal avait perdu de vue l'affaire la plus prosaïque, mais la plus importante. Le terme du paiement des trois cent mille francs était expiré, et Saint-James, on ne sait pour quelle raison, n'avait pas encore donné son argent. Pressé par des engagements auxquels il ne pouvait faire face, le joaillier ne savait où donner de la tête. Dans son désespoir, il pensa naturellement que la personne qui devait prendre le plus d'intérêt à sa situation, serait la reine elle-même. Deux jours après la scène nocturne

---

[12] Jules de Saint-Félix, *Aventures de Cagliostro*, in-18. 1855, p. 131-133.

du bosquet de Trianon, il fut, par hasard, mandé au château d'après un ordre du roi, et ayant trouvé l'occasion de voir Marie-Antoinette en personne pour lui remettre une petite parure, il lui remit en même temps un placet, qui contenait ces deux lignes : « Je félicite Votre Majesté de posséder les plus beaux diamants connus en Europe, et je la supplie de ne pas m'oublier. »

Bœhmer s'était retiré quand la reine jeta les yeux sur ce papier. L'ayant lu à haute voix, elle le jeta au feu en disant : « Il est fou. »

Toutefois, revenant sur ces lignes qui l'avaient extrêmement surprise, elle sentit le besoin d'une explication, et donna ordre à sa première femme de chambre, Mme Campan, d'aller la demander au joaillier. C'était tout ce que voulait le pauvre homme. Il ne se fit donc nullement prier pour raconter avec détail toute son histoire.

« Monsieur Bœhmer, s'écria Mme Campan à ce récit, on vous a volé vos diamants. La reine ignore tout. »

Il est facile de se représenter l'indignation de Marie-Antoinette, lorsque toute cette intrigue lui fut dévoilée. Elle invoqua l'autorité du roi, qui lui engagea sa parole que prompte justice serait faite des coupables.

Le biographe que nous avons déjà cité raconte ainsi la fin de ce drame et le commencement de la procédure dans laquelle Cagliostro se trouva enveloppé.

« Le jour de l'Assomption, le prince, grand aumônier, fut mandé dans le cabinet du roi. Le cardinal était vêtu, non pas de ses ornements pontificaux, comme l'ont dit certains historiens, et surtout certains romanciers, mais de son habit de cérémonie. La reine était présente, assise près de la table du conseil. Louis XVI adressa brusquement la parole à M. de Rohan. Ce fut un véritable interrogatoire. Le prince atterré répondit en balbutiant. Marie-Antoinette, pâle de colère, gardait le silence, sans même jeter les yeux sur le cardinal. Cependant celui-ci, recourant à un moyen extrême de justification, sortit de sa poche une lettre qu'il disait être de la reine et adressée à Mme de La Motte. Marie-Antoinette fit un mouvement nerveux. Son geste était indigné, ses yeux étincelaient. Le roi prit la lettre, il la parcourut, et la rendant au cardinal : « Monsieur, dit-il, ce n'est ni l'écriture de la reine, ni sa signature. Comment un prince de la maison de Rohan, comment le grand aumônier de la couronne a-t-il pu croire que la reine signait Marie-Antoinette de France ? Personne n'ignore que les reines ne signent que leur nom de baptême. »

« Le cardinal resta muet.

« Mais expliquez-moi donc toute cette énigme, » dit le roi avec une extrême impatience.

« Le cardinal s'appuyait contre ta table ; il pâlissait, et ne put répondre que ces paroles :

« Sire, je suis trop troublé pour m'expliquer devant Votre Majesté. »

« Le roi reprit avec plus de bienveillance :

« Remettez-vous, monsieur le cardinal. Passez dans

la pièce voisine, vous y trouverez ce qu'il faut pour écrire. Je désire ne pas vous trouver coupable. »

« M. de Rohan se retira. Un quart d'heure après, il remit au roi un papier où se trouvaient tracées quelques lignes qui, loin de donner des explications claires, jetaient encore plus de confusion dans cette malheureuse affaire.

« Retirez-vous, monsieur, » dit le roi d'une voix indignée.

« Le cardinal reprit le chemin de la galerie. Comme il traversait la salle des gardes, il vit le baron de Breteuil qui l'attendait. Il comprit tout. En effet, M. de Breteuil fit un signe, et M. de Rohan fut arrêté par les gardes du corps. On le conduisit dans son appartement, à la grande aumônerie, située dans un corps du logis du château royal. Là, il trouva le moyen d'écrire à la hâte un billet au crayon destiné à l'abbé Georget, son grand vicaire. Le valet du cardinal, coureur aussi rusé que leste, ramassa le billet que son maître lui jeta à la dérobée, et s'élança sur la route de Paris. L'abbé Georget, qui logeait à l'hôtel de Rohan, reçut le message, et brûla en toute hâte des papiers importants.

« Le lendemain, M. de Rohan était transféré à la Bastille. Le lieutenant de police avait reçu des ordres, et, dans la même journée, la dame de La Motte fut incarcérée. On chercha d'abord inutilement Villette et le sieur de La Motte. Ils étaient cachés, mais on finit par se saisir de Villette, et on l'écroua. La Motte se sauva en Angleterre. Restait Cagliostro, qui, tout sorcier qu'il était, ne se doutait de rien au fond de son laboratoire, rue Saint-Claude.

« Le soir même de l'arrestation du cardinal, des agents de la maréchaussée pénétrèrent dans le mystérieux logis de l'alchimiste, malgré le concierge et les gens de la maison. Un officier, l'épée au poing et suivi de ses gendarmes, se présenta tout à coup sur le seuil de la porte de la salle où Cagliostro faisait de la chimie. Le hardi aventurier paya d'audace, et se mit, dit-on, sur la défensive, armé d'une tige de fer.

« Monsieur, dit l'officier, c'est par ordre du roi. J'ai avec moi dix hommes bien armés et qui se moquent des sorciers. Suivez-moi. »

« La partie n'était pas égale, et toutes les incantations de la magie noire ou blanche se fondaient comme une vapeur devant un ordre si nettement formulé.

« Cagliostro suivit l'officier. Un fiacre attendait dans la cour. Il y monta, et, escorté de quatre cavaliers, il fut dirigé sur la Bastille, où il fut écroué. C'était à deux pas de la rue Saint-Claude, donnant sur le boulevard du Temple.

« Que devint Lorenza ? On dit qu'effarée comme une colombe échappée à un lacet, elle s'enfuit à tire-d'aile et se réfugia en Italie, à Rome, dans sa famille. C'est ce qu'elle aurait dû faire plus tôt, la pauvre femme ! »

Tous les accusés furent renvoyés devant la grand'chambre du parlement.

CHAPITRE V

AVENTURES ET EXPLOITS DE CAGLIOSTRO
AVANT SON ARRIVÉE À STRASBOURG

Puisque la justice met un temps d'arrêt dans la carrière de notre héros, nous profiterons de cette pause pour jeter un coup d'œil rétrospectif sur quelques-uns de ses exploits antérieurs à l'époque où nous l'avons vu paraître en France, et aussi pour répandre un peu de lumière sur le point de départ de cet homme extraordinaire, qui a voyagé presque autant que le Juif-Errant, et qui certainement a dépensé beaucoup plus que lui.

En cela nous suivrons une marche tracée par Cagliostro lui-même, qui, en rédigeant un mémoire pour sa justification pendant sa captivité à la Bastille, employa ses loisirs forcés à se fabriquer une origine mystérieusement glorieuse, que nous discuterons, du reste, et des antécédents qui, pour être vrais, n'auront souvent besoin que d'être complétés.

Enfin, et ce ne sera pas là le moindre intérêt de cette course en arrière à la suite de Cagliostro, nous aurons occasion de rencontrer sur notre chemin un autre homme extraordinaire, qui l'avait précédé de quelques années dans le même genre de célébrité, le fameux comte de Saint-Germain, à qui nous n'avons pas pu, dans cet ouvrage, consacrer un chapitre à part, l'histoire ni la tradition ne fournissant rien d'assez précis sur les œuvres merveilleuses qui ont, durant plusieurs années, rendu son nom si grand dans toutes les cours de l'Europe, et particulièrement à la cour de France.

« J'ignore, dit Cagliostro, le lieu qui m'a vu naître et les parents qui m'ont donné le jour... Toutes mes recherches n'ont abouti à cet égard qu'à me donner sur ma naissance des idées grandes à la vérité, mais vagues et incertaines. J'ai passé ma première enfance dans la ville de Médine en Arabie, j'y ai été élevé sous le nom d'Acharat, nom que j'ai conservé dans mes voyages d'Afrique et d'Asie. J'étais logé dans le palais du muphti. Je me rappelle parfaitement que j'avais autour de moi quatre personnes, un gouverneur, âgé de cinquante-cinq à soixante ans, nommé Altotas, et trois domestiques, un blanc et deux noirs ; un blanc, qui me servait de valet de chambre, et deux noirs, dont l'un était jour et nuit avec moi. Mon gouverneur m'a toujours dit que j'étais resté orphelin à l'âge de trois mois, et que mes parents étaient nobles et chrétiens ; mais il a gardé le silence le plus absolu sur leur nom et sur le lien de ma naissance. Quelques mots dits au hasard m'ont fait soupçonner que j'étais né à Malte... Altotas se fit un plaisir de cultiver les dispositions que j'annonçais pour les sciences. Je puis dire qu'il les possédait toutes, depuis les plus abstraites jusqu'à celles de pur agrément. La botanique et la physique médicinale furent celles dans lesquelles je fis le plus de progrès... Je portais, ainsi que lui, l'habit musulman ; nous professions, en apparence, le mahométisme ; mais la véritable religion était empreinte dans nos cœurs.

« Le muphti venait me voir souvent ; il me traitait avec bonté, et paraissait avoir beaucoup de considération pour mon gouverneur. Ce dernier m'apprit la plus grande partie des langues de l'Orient. Il me parlait souvent des pyramides d'Égypte, de ces immenses souterrains creusés par les anciens Égyptiens, pour renfermer et défendre contre l'injure des temps le dépôt précieux des connaissances humaines. J'avais atteint ma douzième année... Altotas m'annonce un jour qu'enfin nous allions quitter Médine et commencer nos voyages... Nous arrivâmes à la Mecque, et nous descendîmes dans le palais du chérif. On me fit prendre des habits plus magnifiques que ceux que j'avais portés jusqu'alors. Le troisième jour de mon arrivée, mon gouverneur me présenta au souverain, qui me fit les plus tendres caresses. À l'aspect de ce prince, un bouleversement inexprimable s'empara de mes sens ; mes yeux se remplirent des plus douces larmes que j'aie répandues de ma vie. Je fus témoin de l'effort qu'il faisait pour retenir les siennes. Je restai trois années à la Mecque ; il ne se passait pas de jour que je ne fusse admis chez le chérif, et chaque jour voyait croître son attachement et ma reconnaissance ; souvent je le surprenais les yeux attachés sur moi, puis les élevant vers le ciel avec toutes les marques de la pitié et de l'attendrissement. J'interrogeais le nègre qui couchait dans mon appartement ; mais il était sourd et muet sur toutes les questions que je pouvais lui faire. Une nuit que je le pressais plus vivement que de coutume il me dit que, si jamais je quittais la Mecque, j'étais menacé des plus grands malheurs, et que je devais surtout me garder de la ville de Trébisonde... Un jour, je vis entrer le chérif seul dans l'appartement que j'occupais ; mon étonnement fut extrême de recevoir une semblable faveur ; il me serra dans ses bras avec plus de tendresse qu'il n'avait jamais fait, me recommanda de ne jamais cesser d'adorer l'Éternel, m'assura qu'en le servant fidèlement, je finirais par être heureux et connaître mon sort ; puis, il me dit, en baignant mon visage de ses larmes : Adieu, fils infortuné de la Nature...

« Je commençai mes voyages par l'Égypte ; je visitai ces fameuses pyramides, qui ne sont, aux yeux des observateurs superficiels, qu'une masse énorme de marbre et de granit. Je fis connaissance avec les ministres de différents temples, qui voulurent bien m'introduire dans des lieux où le commun des voyageurs ne pénétra jamais. Je parcourus ensuite, pendant le cours de trois années, les principaux royaumes de l'Afrique et de l'Asie.

« ... J'abordai, en 1766, dans l'île de Rhodes avec mon gouverneur et les trois domestiques qui ne m'avaient pas quitté depuis mon enfance. Je m'embarquai sur un vaisseau français qui faisait voile pour Malte. Malgré l'usage qui oblige les vaisseaux venant du Levant à faire leur quarantaine, j'obtins, au bout de deux jours, la permission de débarquer. Le grand maître Pinto me donna, ainsi qu'à mon gouverneur, un logement dans son palais...

« La première chose que fit le grand maître, fut de prier le chevalier d'Aquino, de l'illustre maison des princes de Caramanica, de vouloir bien m'accompagner partout, et me faire les honneurs de l'île.

« Je pris alors pour la première fois l'habit européen, le nom de comte de Cagliostro, et je ne fus pas peu surpris de voir Altotas revêtu d'un habit ecclésiastique et décoré de la croix de Malte... Je me rappelle avoir mangé chez M. le bailli de Rohan, aujourd'hui grand maître. J'étais loin de prévoir alors que, vingt ans après, je serais arrêté et conduit à la Bastille pour avoir été honoré de l'amitié d'un prince de même nom.

« J'ai tout lieu de penser que le grand maître Pinto était instruit de mon origine. Il me parla plusieurs fois du chérif et de Trébisonde ; mais il ne voulut jamais s'expliquer clairement sur cet objet. Du reste, il me traita toujours avec la plus grande distinction, et m'offrit l'avancement le plus rapide, dans le cas où je me déterminerais à faire des vœux. Mais mon goût pour les voyages et l'ascendant qui me portait à exercer la médecine, me firent refuser des offres aussi généreuses qu'honorables.

« Ce fut dans l'île de Malte que j'eus le malheur de perdre mon meilleur ami, le plus sage, le plus éclairé des mortels, le vénérable Altotas. Quelques moments avant sa mort, il me serra la main : « Mon fils, me dit-il, d'une voix presque éteinte, ayez toujours devant les yeux la crainte de l'Éternel et l'amour de votre prochain ; vous apprendrez bientôt la vérité de tout ce que je vous ai enseigné. »

« L'île où je venais de perdre l'ami qui m'avait tenu lieu de père, devint bientôt pour moi un séjour insupportable... Le chevalier d'Aquino voulut bien se charger de m'accompagner dans mes voyages, et de pourvoir à tous mes besoins. Je partis en effet avec lui. Nous visitâmes la Sicile... ; de là, les différentes îles de l'Archipel ; et, après avoir parcouru de nouveau la Méditerranée, nous abordâmes à Naples, patrie du chevalier d'Aquino. Ses affaires ayant exigé de lui des voyages particuliers, je partis seul pour Rome, avec des lettres de crédit pour le sieur Bellonne, banquier.

« Arrivé dans cette capitale du monde chrétien, je résolus de garder l'incognito le plus parfait. Un matin, comme j'étais renfermé chez moi, occupé à me perfectionner dans la langue italienne, mon valet de chambre m'annonça la visite du secrétaire du cardinal Orsini. Ce secrétaire était chargé de me prier d'aller voir Son Éminence ; je m'y rendis en effet. Le cardinal me fit toutes les politesses imaginables, m'invita plusieurs fois à manger chez lui, et me fit connaître la plupart, des cardinaux et princes romains, et notamment le cardinal d'Yorck, et le cardinal Ganganelli, depuis pape, sous le nom de Clément XIV. Le pape Rezzonico, qui occupait alors la chaire de Saint-Pierre, ayant désiré de me connaître, j'eus plusieurs fois l'honneur d'être admis à des conférences particulières avec Sa Sainteté.

« J'étais alors (1770) dans ma vingt-deuxième année. Le hasard me procura la connaissance d'une demoiselle de qualité nommée Séraphina Félichiani. Elle était à peine au sortir de l'enfance ; ses charmes naissants allumèrent dans mon cœur une passion que seize années de mariage n'ont fait que fortifier...

« Je n'entrerai pas dans le détail des voyages que j'ai faits dans tous les royaumes de l'Europe, je me contenterai de citer les personnes de qui j'ai été connu. La plupart vivent encore... Qu'elles disent si, en tout temps et en tous lieux, j'ai fait autre chose que guérir gratuitement les malades et soulager les pauvres...

« J'observerai que, voulant n'être pas connu, il m'est arrivé de voyager sous différents noms. Je me suis appelé successivement le comte Harat, le comte Fénice, le marquis d'Anna... »

Cagliostro borne là cette liste, comme s'il avait oublié les autres noms qu'il a portés ; et par une omission beaucoup plus grave, puisqu'elle tendrait à nous frustrer des pages les plus brillantes et les plus authentiques de son étrange odyssée, il arrive de plein saut dans la capitale de l'Alsace, où nous l'avons pris au commencement de ce récit. Nous avons donc à raconter, à sa place, ce qu'il fit de plus prodigieux en Europe avant son entrée à Strasbourg. Mais, d'abord, revenons un moment sur ce qu'il dit de son origine et de ses premières aventures.

À la manière dont il accuse son ignorance relativement à ses parents, on voit qu'il paraît craindre d'être cru sur parole, et serait bien aise de faire penser qu'il en sait plus qu'il n'en veut dire. Une certaine affectation de mystères et de réticences discrètes, quelques noms placés avec art dans son récit, ont pour but manifeste d'insinuer qu'il est fils d'un grand maître de l'ordre de Malte et de la princesse de Trébisonde. Quelques écrivains naïfs lui ont, en effet, accordé cette illustre parenté. Nous ne pouvons savoir d'après quelle donnée, d'autres l'ont fait descendre en droite ligne de Charles Martel. Mais des recherches très minutieuses auxquelles l'Inquisition de Rome s'est livrée pendant l'instruction de son procès, il résulte authentiquement qu'il était né à Palerme, le 8 juin 1743, de Pierre Balsamo et Félicia Braconieri, honnêtes marchands, très bons catholiques et veillant avec un soin particulier à l'éducation de leurs enfants.

Celui qui venait de leur naître fut baptisé sous le nom de Joseph. Les heureuses dispositions qu'il montra de bonne heure ayant fait juger qu'il pourrait aller loin dans les lettres et dans les sciences, on le plaça au séminaire de Saint-Roch de Palerme, d'après l'avis de deux de ses oncles maternels, qui voulurent contribuer aux frais de ses études. Mais chez le jeune Balsamo, l'esprit d'indépendance et d'aventure était aussi précoce que l'intelligence. Plusieurs fois il s'enfuit du séminaire, où sa conduite indisciplinée lui attirait de trop fréquentes corrections. On le rattrapa un jour au milieu d'une bande de petits vagabonds. Joseph avait alors treize ans, il devenait urgent de prendre un parti à son égard. On le confia, sous bonne et sévère recommandation, au père général des Bonfratelli, qui se trouvait alors de passage à Palerme, et qui l'emmena avec lui dans le couvent de cet ordre, aux environs de Cartagirone, en annonçant qu'il répondait de le faire moine.

Arrivé dans le couvent, Joseph Balsamo endossa en effet l'habit de novice ; ce qui lui était plus facile que d'en prendre l'esprit. Ayant été remis à la garde de l'apothicaire du couvent, il parut s'accommoder assez bien de ses relations avec ce frère, et apprit de lui, comme il le dit lui-même, les principes de la chimie et de la médecine. Il profita si bien des leçons de ce maître, qu'en peu de temps il se trouva en état de manipuler les drogues avec une sagacité étonnante. Mais on remarquait que ses instincts le portaient à chercher surtout dans ces premiers éléments de la science, les secrets qui peuvent le mieux servir et seconder le charlatanisme. Il ne tarda pas, d'ailleurs, à donner encore, dans cette maison, de nouvelles marques de son caractère vicieux, et il dut souvent être corrigé. Un jour, étant chargé au réfectoire, de faire la lecture d'usage pendant le repas, l'effronté novice se mit à lire, non ce qui était dans le livre, mais tout ce que lui suggérait son imagination pervertie ; dans sa lecture, il substituait aux noms des saints du martyrologe ceux des plus fameuses courtisanes. Un tel scandale ne pouvait être expié que par une rude pénitence. Elle fut ordonnée, mais il y échappa en sautant par-dessus les murs du couvent. Après avoir couru la campagne pendant quelques jours, Balsamo prit le chemin de sa ville natale.

Dès son retour à Palerme, sa vie fut libre et même tout à fait licencieuse. Il s'adonna quelque temps au dessin et à l'escrime, mais il y fit moins de progrès que dans l'art de l'escamotage et de la ventriloquie. Il essaya ses premiers coups en ce genre, d'abord sur un de ses oncles, puis sur un notaire, enfin sur un religieux. On dit qu'il avait déjà eu quelques démêlés sérieux avec les gens de loi, quand l'affaire Marano, dont on connaît les détails, le brouilla tout à fait avec la justice.

Forcé de quitter Palerme, Joseph Balsamo s'embarque sur une tartane qui faisait voile pour Messine.

Arrivé dans cette grande ville, il se souvient qu'il y avait une vieille tante, nommée Vincente Cagliostro, laquelle passait pour posséder d'assez belles économies. Il se met à sa recherche ; mais la bonne dame était morte depuis quinze jours, ayant donné la meilleure part de son bien aux églises de Messine et distribué le reste aux pauvres. En bon neveu, Balsamo paya à la mémoire de cette tante trop chrétienne un juste tribut de regrets. Mais voulant hériter d'elle en quelque chose, il lui prit son nom, et allongeant ce nom d'un titre de noblesse, il se fit appeler le comte Alexandre Cagliostro.

Notre nouveau gentilhomme allait, venait dans Messine, cherchant quelque bonne aventure. Un jour, comme il se promenait, tout rêveur, près du môle, à l'extrémité du port, il fit la rencontre d'un personnage qui paraissait âgé de cinquante ans, et dont la figure et tout l'extérieur offraient quelque chose de singulièrement étrange. Le type n'était proprement ni grec, ni espagnol, mais il semblait combiner ces deux origines. Le costume, à quelques détails près, était celui d'un Arménien.

Aux premières paroles que les deux promeneurs échangèrent, Balsamo, qui n'était pourtant pas un esprit timide, se sentit dominé par l'ascendant de cet étranger. C'est qu'il se trouvait en présence du fameux Altotas, de ce génie universel, presque divin, dont il nous a parlé avec tant de respect et d'admiration. Cet Altotas n'est pas, d'ailleurs, un personnage imaginaire. L'Inquisition de Rome a recueilli maintes preuves de son existence, sans avoir pu cependant découvrir où elle a commencé ni où elle a fini, car Altotas disparaît, ou plutôt s'évanouit comme un météore, ce qui, suivant la poétique des romanciers, autoriserait suffisamment à le déclarer immortel. Médecin, chimiste, magicien, Altotas, d'après quelques opérations qu'on lui attribue, doit avoir été plus versé dans certaines parties des sciences naturelles qu'on ne l'était communément à son époque, surtout dans les pays où il a voyagé. En acceptant Balsamo pour son disciple, il pouvait donc, sans vanité, se croire très capable de compléter une instruction scientifique déjà heureusement ébauchée par le frère apothicaire du couvent de Cartagirone.

Comme magicien ou devin, Altotas donna sur-le-champ au jeune Balsamo une étonnante preuve de sa science. Il lui montra qu'il était instruit de tous ses antécédents, y compris le dernier, en le saluant du titre de gentilhomme. À cette preuve il en ajouta bientôt une autre d'un caractère moins railleur et d'une utilité plus positive. La promenade s'étant prolongée, ils arrivèrent, de rue en rue, jusqu'à une petite place ombragée de sycomores, et au centre de laquelle jaillissait une jolie fontaine. Là son compagnon l'arrêtant :

« Monsieur, dit-il, voici la maison que j'habite. Je n'y reçois personne ; mais, comme vous êtes voyageur, jeune et gentilhomme (il persévérait dans sa raillerie), comme d'ailleurs vous êtes animé de la noble passion des sciences, je vous autorise à venir me voir. Je serai visible pour vous demain, à onze heures et demie de la nuit. Vous frapperez deux coups à ce marteau (il lui désignait la porte d'une maison petite et basse), puis trois autres coups lentement. On vous ouvrira.

Adieu. Hâtez-vous de rentrer à votre auberge ; un Pié-montais cherche à vous voler, dans ce moment-ci, les trente-sept onces d'or que vous avez enfermées dans une valise, contenue elle-même dans une armoire, dont vous avez la clef dans votre poche droite. Votre serviteur. »

Cagliostro, c'est ainsi que nous le nommerons désormais, courut à son hôtellerie, et surprit, en effet, un Piémontais, son voisin de chambre, occupé à crocheter la serrure de l'armoire où était enfermé le reste des soixante onces d'or escroquées à Marano. En propriétaire légitime et indigné, il saisit son larron et le livra à la maréchaussée.

Le lendemain, entre onze heures et minuit, le jeune homme fut reçu dans le laboratoire d'Altotas. C'était une vaste pièce, pourvue de tout l'étrange mobilier nécessaire à un alchimiste. Là, une courte conversation entre le savant et celui qui aspirait à devenir son disciple, se termina par cette sorte d'examen :

Altotas. Comment fait-on le pain ?

Cagliostro. Avec de la farine.

Altotas. Et le vin ?

Cagliostro. Avec du raisin.

Altotas. Comment fait-on l'or ?

Cagliostro. J'allais vous le demander.

— Nous résoudrons le problème une autre fois, dit Altotas. Mon projet est de partir pour le Caire ; jeune homme, voulez-vous me suivre ?

— Si je le veux ! » s'écria Cagliostro avec transport.

Et sans plus de délibération, le départ fut fixé au surlendemain.

Un bâtiment génois, qui allait mettre à la voile pour le Levant, prit nos deux voyageurs à son bord. Pendant la traversée, ils aimaient à causer à l'écart sur le pont. Dans ces entretiens, Cagliostro, malgré son respect pour son mentor, cherchait souvent à le sonder, et employait mille détours adroits pour arriver à connaître l'histoire d'un homme qui connaissait si bien la sienne. Altotas, las d'avoir toujours à déjouer la même stratégie, lui déclara, une fois pour toutes, qu'il ne savait rien lui-même sur sa naissance. « Cela vous surprend, mon fils, lui dit-il, mais la science qui peut nous renseigner sur autrui, est presque toujours impuissante à nous révéler ce que nous sommes nous-mêmes. » Puis, lui ayant raconté ce que ses souvenirs lui rappelaient relativement aux premières années de sa vie, et quelques-uns des événements de sa carrière aventureuse, il s'arrêta et lui dit :

« Je borne là mes confidences pour aujourd'hui. Un jour, si vous êtes digne de ma confiance, je vous révélerai ma vie tout entière. Je suis vieux, beaucoup plus vieux que vous ne pensez et que je ne parais l'être ; mais je connais certains secrets pour conserver la vigueur et la santé. J'ai trouvé des procédés scientifiques qui produisent de l'or et des pierres précieuses ; je sais dix ou douze langues ; je n'ignore à peu près rien de ce qui compose la somme des connaissances humaines ; rien ne m'étonne, rien ne m'afflige, si ce n'est le mal que je ne puis empêcher, et j'espère arriver avec calme au terme de ma longue existence. Quant à mon nom, il faut bien que vous le sachiez, si toutefois, mes voisins à Messine, ne vous l'ont pas appris : je me nomme Altotas. Oui, ce nom est bien à moi, je l'ai choisi entre mille, et je me le suis donné en toute propriété. Cela dit, mon jeune compagnon, allons prendre du café ; voilà le soleil qui se lève sur la mer, et l'île de Malte qui montre au loin son blanc rocher couronné de bastions. »

Cagliostro, malgré ses affirmations, ne voyagea jamais, en compagnie d'Altotas, dans l'Afrique proprement dite, ni probablement en Asie. Il est du moins fort douteux qu'il ait visité l'Arabie, et ce serait, dans tous les cas, le dernier terme de ses courses hors de l'Europe et de l'Égypte. Mais il est constant, d'après la relation de la procédure de l'Inquisition, qu'il parcourut, avec Altotas, outre l'Égypte, différentes îles de l'Archipel et les côtes de la Grèce. Débarqués tous deux à Alexandrie, ils y demeurèrent quarante jours, qui furent très bien employés pour leurs finances. Grâce à des opérations chimiques dont Altotas avait le secret, ils fabriquaient, avec du chanvre pour matière première, des étoffes qui imitaient l'or. Les résultats qu'ils obtenaient étaient si merveilleux, que les industriels du pays se présentèrent en foule pour acheter leurs procédés. Il est bien permis de croire qu'au milieu de ces excellentes affaires, nos deux philosophes oublièrent de visiter les pyramides, les hypogées, les ruines de Memphis, l'île Éléphantine, les temples d'Athor et de Luxor, et qu'ils ne remontèrent point jusqu'aux cataractes du Nil blanc ou bleu. Le caractère industriel de leur voyage est bien établi, tandis que son caractère scientifique n'a pour garant que le récit, fort suspect, de Cagliostro.

Dans l'île de Rhodes, où ils se rendirent en quittant Alexandrie, ils réalisèrent encore des profits considérables, par les mêmes opérations de chimie industrielle. De là ils voulurent repasser en Égypte, pour exploiter le Caire, qui était compris, comme on l'a vu, dans l'itinéraire d'Altotas ; mais des vents contraires poussèrent leur bâtiment vers Malte. Débarqués dans cette île, ils se firent présenter au grand maître Pinto, qui devait être pour eux une mine d'un riche produit.

Le chef suprême de la chevalerie de Malte était un personnage dans le genre du cardinal de Rohan. Entiché de chimie, comme beaucoup de grands seigneurs de cette époque, il n'avait que des connaissances très bornées dans cette science ; mais, en revanche, sa disposition d'esprit le portait à tout croire en fait de merveilleux. Pinto n'eut donc rien de plus pressé que de livrer son laboratoire aux deux étrangers, qui se mirent à y travailler avec un impénétrable mystère. Tout ce qu'on sait de leurs opérations, c'est qu'elles coûtèrent des sommes énormes au grand maître de Malte. Si le résultat ne le paya pas de ses avances avec usure, la cause en est peut-être dans la subite disparition d'Altotas. C'est en effet dans cette île de Malte, comme le rapporte Cagliostro, qu'il plut au grand magicien de se rendre définitivement invisible aux yeux des mortels.

Pinto prouva néanmoins qu'il ne gardait pas rancune de ce qui s'était passé dans son laboratoire ; car, au moment où Cagliostro prit congé de lui, pour se rendre à Naples, il le recommanda très chaleureusement à un jeune chevalier de Malte qui s'embarquait avec lui pour la même destination. Grâce aux bons offices du chevalier d'Aquino, de l'illustre maison de Caramanica, et aussi à l'argent dont il se trouvait alors abondamment pourvu, Cagliostro fit à Naples une certaine figure, et put trouver accès auprès de plusieurs grands personnages.

Dans cette ville était alors un prince sicilien. La liaison qu'il noua avec ce compatriote, rappelle soudain à Cagliostro les souvenirs de son pays natal. Le prince était précisément atteint de l'épidémie régnante : comme Pinto, il avait la soif de l'or alchimique. Cagliostro sut tellement le charmer par ses savantes théories, que son riche compagnon lui proposa de l'emmener avec lui, pour en faire l'application, dans un château qu'il possédait en Sicile. Cagliostro s'y laissa conduire, oubliant qu'une fois dans l'île, il allait se trouver bien près de Palerme et peut-être de l'homme aux soixante onces d'or, l'implacable Marano, qui n'avait pas renoncé à sa vengeance.

Une ancienne connaissance qu'il rencontra, le rappela bientôt au sentiment de ce péril. C'était un des mauvais sujets qui avaient joué le rôle de ces malins diables dont le bâton avait laissé des traces si cuisantes sur le dos de l'orfèvre. Sans être savant, quoique prêtre défroqué, ce vaurien avait aussi son procédé pour faire de l'or, et il proposa à Cagliostro de l'exploiter avec lui. Il s'agissait d'aller établir à Naples une maison de jeu, qui serait ouverte aux nombreux étrangers voyageant en Italie. Cagliostro ayant accepté, prit congé de son prince, qui en était pour quelques frais avec lui, et qui n'avait pas même eu le temps de l'apprécier à sa véritable valeur.

Dans un des premiers villages napolitains où les deux compagnons descendirent, ils eurent déjà une mauvaise aventure. Des carabiniers royaux les arrêtèrent, comme gravement soupçonnés de l'enlèvement d'une femme. Toutes les perquisitions auxquelles on se livra dans leur hôtel, n'ayant pas abouti à faire retrouver la femme désignée, on les relâcha ; mais la police garda de cet incident une impression défavorable, dont Cagliostro s'aperçut bien. Il résolut de gagner les États romains, parti fort prudent, qui eut d'abord l'avantage de le débarrasser de son compagnon, celui-ci s'étant souvenu de son ancienne tonsure, et de quelques antécédents qui lui faisaient redouter le voisinage du saint-office.

À Rome, Cagliostro débuta par une conduite des plus édifiantes. On le vit fréquenter les églises, remplir ses devoirs de religion, hanter les palais des cardinaux. Informé des rapports qu'il avait eus avec le grand maître de la chevalerie de Malte, le bailli de Breteuil, alors ambassadeur de l'ordre de Malte près le Saint-Siège, l'accueillit avec faveur, et lui procura d'autres relations honorables. C'est ainsi qu'en peu de temps, Cagliostro se fit dans la haute société romaine et étrangère, une riche clientèle, à laquelle il débitait gratis des histoires merveilleuses, et, moyennant de bons ducats, des spécifiques pour tous les maux. Il jouissait avec modération de la fortune qui lui arrivait, et s'il ne pouvait pas vivre sans un certain luxe, du moins ne se permettait-il que des plaisirs décents.

Ce fut à cette époque que, passant un soir sur la place de la Trinité-des-Pèlerins, devant le magasin d'un fondeur de bronze, Cagliostro vit une charmante jeune fille, qui prenait le frais au rez-de-chaussée de cette maison. Lorenza Feliciani fit sur lui une telle impression que, deux jours après, il la demandait en mariage à ses parents. Sa fortune apparente, son titre aristocratique et les belles relations qu'il avait dans la société romaine le présentaient comme un excellent parti aux yeux des Feliciani. Il fut donc agréé, et après la célébration du mariage, les deux époux demeurèrent dans la maison du beau-père.

On pourrait croire qu'arrivé à ce point, ayant acquis une situation honorable et aisée, notre aventurier songea à mettre un terme à sa vie vagabonde et à se ranger définitivement. Il n'en fit rien.

Le témoignage de tous les biographes, amis ou ennemis de Cagliostro, est unanime pour affirmer que Lorenza Feliciani n'était pas seulement jeune et belle, mais encore riche de toutes les qualités du cœur, tendre, dévouée, honnête et modeste, comme les parents qui l'avaient élevée, en un mot, une femme véritablement faite pour le bonheur domestique. Quelles durent être sa douleur et sa honte, quand son mari, dans leurs entretiens intimes, se mit à la railler sur ses principes de vertu, et à lui représenter le déshonneur d'une femme comme un moyen de fortune, sur lequel on devait pouvoir compter dans l'association conjugale. Lorenza, épouvantée de l'aveu de pareils sentiments, s'en plaignit à sa mère, qui fit une esclandre et courut conter cette infamie à son mari. Ce dernier entra en fureur à son tour, et mit Cagliostro à la porte de sa maison. Mais Lorenza, par tendresse ou par devoir, ne voulut point séparer son sort de celui de son époux.

La maison qu'ils allèrent habiter fut bientôt ouverte aux chevaliers d'industrie, si nombreux dans la sainte ville de Rome. Cagliostro devint pour quelque temps l'associé de deux de ces hommes ; l'un, qui s'appelait Ottavio Nicastro, fut pendu plus tard ; l'autre, qui se faisait appeler le marquis d'Agliata, contrefaisait les écritures avec une perfection extraordinaire. Comme ce dernier semait l'or et l'argent à pleines mains, on le soupçonnait de battre monnaie avec son art. Si Cagliostro ne reçut jamais d'argent provenant d'une pareille source, il en tira du moins plusieurs brevets d'officier supérieur, que d'Agliata s'amusait à composer pour s'entretenir la main, quand il n'avait pas un meilleur emploi de son temps. Mais la mésintelligence se mit dans cette association ; Nicastro, qui croyait avoir à se plaindre de ses complices, les dénonça à la police pontificale. Averti à temps, le marquis d'Agliata partit de Rome, emmenant Cagliostro et sa femme, pour les beaux yeux de Lorenza.

Les fugitifs avaient pris la route de Venise par Lorette. Ils ne s'arrêtèrent qu'à Bergame, et comme ils s'y livraient à des opérations moins légales que lucratives, l'autorité, qui avait reçu des renseignements sur eux, donna ordre de les arrêter. D'Agliata, toujours sur le qui-vive, eut encore le temps de fuir ; mais il ne sauva que lui cette fois : Cagliostro et Lorenza furent mis en prison. Cependant, l'instruction n'ayant rien pu établir contre eux, au bout de quelques jours on leur rendit la liberté, avec injonction de quitter la ville sur-le-champ. Cette mesure était plus dure pour eux que la détention, car d'Agliata ayant emporté la caisse, les deux époux se trouvaient dans le plus complet dénuement.

Dans cette situation, il leur vint à l'idée d'entreprendre un pèlerinage à Saint-Jacques-de-Compostelle. Ayant traversé les États du roi de Sardaigne sous l'habit de pèlerins, ils arrivèrent à Antibes, et de là purent gagner l'Espagne et arriver à Barcelone. Tous leurs moyens d'existence, pendant ce long voyage, furent les secours, qu'à l'aide de belles paroles, ils savaient obtenir du clergé et des communautés. Ils firent un séjour de six mois dans la capitale de la Catalogne. L'argent leur manquant pour vivre, voici l'expédient dont s'avisa Cagliostro. Il y avait dans le voisinage de leur auberge, une église qui appartenait à des religieux. Lorenza, ayant reçu les instructions de son mari, alla se confesser dans cette église, et fit croire à son confesseur qu'elle et son époux appartenaient tous deux à une illustre maison de Rome, qu'ils avaient contracté un mariage clandestin, et que, l'argent qu'ils attendaient manquant, ils se trouvaient un peu gênés. Le bon religieux la crut, et lui donna un peu d'argent. Le lendemain, il leur envoya un jambon en présent ; étant allé ensuite les visiter, il les salua en leur donnant le titre d'Excellences. Tout allait pour le mieux, lorsque le curé de ce lieu, ayant conçu des soupçons, leur demanda leur contrat de mariage, qu'ils n'avaient point avec eux. Cagliostro songea à recourir, dans cet embarras, à la protection d'un personnage de qualité, et il lui détacha sa femme. « Jeune, dit l'historien de l'Inquisition, d'une taille médiocre, blanche de peau, brune de cheveux, le visage rond, d'un juste embonpoint, les yeux brillants, d'une physionomie douce, sensible et flatteuse, elle pouvait exciter une passion. C'est aussi ce qui arriva dans cette occasion, et dans beaucoup d'autres semblables.» Donc, grâce à Lorenza, devenue de plus en plus docile à la morale de son mari, cette affaire s'arrangea très bien. Le grand seigneur se chargea de faire venir de Rome le contrat, et en attendant, il défraya les deux époux de leur long séjour à Barcelone.

À Madrid et à Lisbonne, Cagliostro eut les mêmes succès, par les mêmes moyens. Dans cette dernière ville, ayant appris un peu d'anglais auprès d'une demoiselle à laquelle il donnait, dit-on, d'autres leçons, il se crut en état de passer à Londres. Arrivés dans cette ville, les deux époux se lièrent avec plusieurs quakers, et avec un Sicilien qui se faisait appeler le marquis de Virona. Un de ces quakers sentit l'austérité de sa secte se fondre au feu des beaux yeux de Lorenza. Sans céder à ses obsessions, Lorenza en fit la confidence à son mari ; et tous deux, de concert avec Virona, arrêtèrent qu'elle donnerait au quaker un rendez-vous secret, bien résolus à lui faire payer chèrement des plaisirs dont il n'aurait eu que l'espérance. À l'heure indiquée, le quaker ne manqua pas de se rendre à l'invitation de la dame. Dans ce tête-à-tête, le dialogue s'échauffa, et devint si vif, dit l'historien de l'Inquisition, «que le quaker, en nage, ôta son chapeau, sa perruque et son habit». Mais, au signal convenu, paraissent subitement dans la chambre, Cagliostro et Virona, qui se saisissent de leur homme, et c'est par grâce qu'il obtient la permission de sortir, moyennant cent livres sterling, que les fripons se partagèrent.

Notre aventurier faisait pourtant alors d'assez mauvaises affaires à Londres. Sa femme était sa principale ressource. Peu de temps après l'aventure du quaker, il fut mis en prison, pour dette du loyer de sa maison. Heureusement, Lorenza avait eu l'occasion, en fréquentant la chapelle catholique de Bavière, d'y faire la connaissance d'un honnête Anglais. Elle lui exposa si bien la situation de son mari, que le digne homme donna la somme nécessaire pour payer la dette. Cagliostro, une fois libre, les deux époux ne songèrent qu'à quitter Londres, pour se rendre à Paris, vers lequel leur instinct les poussait.

À Douvres, ils se lièrent avec un Français, nommé Duplaisir, qui offrit de leur payer le voyage. La proposition fut bien vite acceptée. C'est de Cagliostro qu'on tient ce détail, que le voyage se fit par la poste, et que M. Duplaisir allait en carrosse avec la femme, tandis que le mari les escortait à cheval. Une liaison si agréablement inaugurée, ne pouvait pas cesser au bout de quelques jours. M. Duplaisir défraya longtemps le ménage à Paris; il ne se rebuta que devant les exigences toujours croissantes de Cagliostro, auxquelles sa fortune, qui n'était pas considérable, n'aurait pu suffire. On dit qu'avant la rupture, M. Duplaisir eut avec Lorenza un dernier entretien, dans lequel il lui conseilla de retourner en Italie, chez ses parents, ou du moins, si elle voulait continuer la même vie, de la faire pour son propre compte. Il est certain qu'un jour, Lorenza abandonna à l'improviste la maison de son mari, pour aller en occuper une autre, que

Duplaisir lui avait louée. Mais Cagliostro eut recours à l'autorité du roi ; il obtint un ordre de faire arrêter sa femme et de l'enfermer à Sainte-Pélagie, où elle resta plusieurs mois.

La réconciliation eut lieu, et à ce qu'il paraît, sans rancune de part ni d'autre. Plus tard, quand Cagliostro, grandi par la renommée et par la fortune, se montrera à Paris dans un somptueux équipage, il essayera de nier ce premier séjour dans notre capitale et cette histoire de Sainte-Pélagie. Il soutiendra que sa femme, à qui il avait fait prendre le prénom de Séraphina, n'avait rien de commun avec Lorenza Feliciani, qui avait été enfermée à Sainte-Pélagie, ni lui, comte de Cagliostro, avec l'empirique auquel on avait défendu, à cette époque, de continuer ses opérations. Mais certains documents judiciaires, d'une authenticité irréfragable, appuieront sur ce point les souvenirs de ses ennemis. Il est intéressant de savoir, en effet, que dans le temps où Lorenza fut incarcérée, on dressa, au tribunal de police, des actes qui se trouvent imprimés dans un opuscule qui a pour titre : Ma correspondance avec le comte de Cagliostro. On y trouve, entre autres, la déposition de Duplaisir, qui déclare que, bien que Balsamo et sa femme eussent vécu pendant trois mois à ses dépens, ils avaient encore contracté environ deux cents écus de dettes, pour des modes, pour le perruquier et un maître de danse, nommé Lyonnais. Ce maître de danse ayant donné un bal à ses écoliers, le lundi 21 décembre 1772, Balsamo, à cette occasion, escroqua à plusieurs fripiers des habits magnifiques, et parut au bal avec sa femme dans le plus brillant équipage.

Peu de temps après cette soirée, Cagliostro quitta Paris plus ou moins volontairement. Il gagna Bruxelles, et, ayant traversé l'Allemagne et l'Italie, il osa encore se montrer à Palerme. Il faillit bien cette fois être victime de sa témérité. Marano, qu'il venait en quelque sorte braver, le fit arrêter, et voulait absolument le faire pendre ; mais la protection d'un seigneur, pour lequel il s'était fait donner, en passant à Naples, des recommandations très pressantes, le tira de ce péril. Il s'embarque avec sa femme pour Malte, revient à Naples où il professe pendant plusieurs mois la cabale, concurremment avec la chimie, et fait beaucoup d'adeptes. De là, il se rend à Marseille, et il y trouve deux fort bonnes pratiques.

Il y avait dans cette ville une dame qui, malgré son âge respectable, n'avait pas encore tout à fait renoncé à la galanterie. Cagliostro eut occasion de se lier avec elle, et en peu de temps, la dame devint éprise de lui. Il reçut d'elle beaucoup de présents, tant en argent qu'en effets. Cependant, ce n'était pas tout ce que cette bonne fortune devait lui rapporter. La dame avait eu dans sa jeunesse un amant qui vivait encore, mais c'était tout ce dont il était capable : le bonhomme se trouvait tout juste encore assez de forces pour être jaloux. Comme il était fort riche, elle désirait le ménager et même l'attacher, par la reconnaissance, à un rival qui était dans toute la vigueur de l'âge. Elle fit part à ce dernier d'un moyen qu'elle avait imaginé dans ce but. Cagliostro l'approuva, et comme le galant décrépit avait déjà la manie de chercher la pierre philosophale, notre aventurier n'eut pas grand'peine à lui persuader qu'il pouvait le rajeunir. Avec son étalage ordinaire de chimie, et quelques opérations d'alambic prestement exécutées, Cagliostro sut l'amuser par la promesse de lui faire faire de l'or. En attendant, il tirait toujours de lui de bonnes sommes, sous prétexte d'acheter les ingrédients nécessaires à l'œuvre de la transmutation métallique. De cette manière, tout le monde était content ; la dame et les deux amants vécurent plusieurs mois dans le plus touchant accord.

Cependant, le temps approchait où les espérances du vieillard devaient être comblées. Cagliostro vint un jour lui dire qu'il était obligé de faire un voyage pour chercher une certaine herbe qui lui manquait, et sans laquelle il ne pouvait accomplir le grand œuvre. En même temps, il faisait croire à la dame qu'il était obligé de se rendre à Rome en toute hâte, par suite d'une maladie subite de son beau-père. Il reçut de l'un une bonne voiture de voyage, et de tous deux, une bourse bien fournie d'argent. Il partit avec le tout, non pour Rome, mais pour l'Espagne. La voiture fut vendue à Barcelone.

Cagliostro et Lorenza passent successivement à Valence, à Alicante et à Cadix. Dans cette dernière ville, ils rencontrent un autre fanatique de chimie, par lequel ils se font remettre une lettre de change de mille écus, sous le prétexte ordinaire de se procurer des herbes et autres ingrédients nécessaires pour réaliser le grand œuvre. Après ce nouveau coup, ils s'embarquent pour l'Angleterre.

À peine de retour à Londres, Cagliostro fit rencontre d'une vieille Anglaise, nommée Mme Fry, et d'un certain Scott, qui se livraient à des combinaisons pour gagner à la loterie, et à qui leur manie avait déjà coûté de fortes sommes. Quels bons clients pour lui ! Il leur persuada qu'il arrivait, par des calculs astronomiques, à la connaissance des bons numéros. Seulement, ces calculs coûtaient cher à établir, et les incantations nécessaires pour attirer les numéros indiqués, coûtaient plus cher encore. Du reste, le résultat était infaillible. Cagliostro parlait avec tant d'assurance que nos joueurs le crurent, et mirent sur-le-champ à sa disposition la somme qu'il exigeait pour ses opérations cabalistiques.

Il advint, par un hasard heureux, que quelques-uns des numéros choisis et influencés par l'enchanteur, firent gagner à Mme Fry un lot de cinquante mille francs. Le tour de faveur de M. Scott n'était pas encore venu ; mais après ce premier succès, qui pouvait douter qu'il n'arrivât, lorsque les calculs astronomiques relatifs à son jeu seraient terminés ? Il ne s'agissait que de persévérer, et le naïf bourgeois persévéra. Il persévéra longuement. Quant à Mme Fry, elle ne quittait plus Cagliostro ; elle l'accablait également et de ses obsessions et des témoignages de sa reconnaissance. Mais il la désespérait par son obstination à refuser tous ses cadeaux. Il lui déclara enfin que, si elle voulait absolument faire de nouveaux sacrifices, il valait mieux les consacrer à l'accomplissement d'une grande opération chimique des plus fructueuses, c'est-à-dire à la multiplication des diamants et de l'or enfouis dans le sein de la terre.

Séduite par les promesses de Cagliostro, Mme Fry acheta un magnifique collier de diamants et une superbe boîte d'or. Les cinquante mille francs gagnés à la loterie lui suffirent à peine à cette acquisition, mais elle ne marchanda pas. Ayant passé les brillants au cou de Lorenza, la vieille Anglaise glissa la boîte dans la poche de la veste de M. le comte, et attendit l'événement qui devait s'accomplir suivant ce programme :

La boîte et les diamants seraient enfouis dans de la terre végétale, et y demeureraient pendant un certain temps. Là, les diamants devaient se gonfler et se ramollir. Alors, au moyen d'une certaine poudre consolidante, le savant alchimiste les durcirait de nouveau, et en raison de leur grosseur augmentée, et de leur poids proportionnel à leur grosseur, ils auraient gagné au centuple. La boîte d'or elle-même, objet assurément fort accessoire, devait prendre des proportions quadruples et peser en conséquence.

Cette œuvre merveilleuse de la nature se fit trop attendre. Mme Fry perdit patience, probablement parce qu'elle comprenait enfin qu'elle avait perdu ses diamants. Scott, de son côté, las de nourrir des numéros rebelles à tous les calculs et à tous les charmes, se joignit à elle pour déférer Cagliostro à la justice. Sur leur dénonciation, il fut emprisonné ; mais les actes de cette cause dressés à Londres portent que ses accusateurs ne pouvant produire aucun témoin des remises d'argent qu'ils lui avaient faites, Cagliostro nia effrontément avoir rien reçu et se tira d'affaire par le serment décisoire[13]. Du reste, il convint devant

---

[13] Ces actes sont reproduits d'après l'auteur de la *Vie de Balsamo, extraite de sa procédure,* dans l'opuscule que nous avons

ses juges qu'il connaissait la cabale, et même il couronna sa défense en proposant de deviner le premier numéro qui devait sortir à la loterie l'année suivante.

Arrêtons-nous à ce moment de l'histoire de notre héros, car une véritable révolution va maintenant s'accomplir dans son être et dans son existence. C'est, en effet, pendant ce second séjour à Londres, que le charlatan vulgaire disparaît tout à coup, et fait place au personnage qui va figurer de la manière la plus imposante sur la scène du monde. Ici finit l'aventurier et commence l'homme véritablement extraordinaire. Son langage, son maintien et ses manières, tout a changé chez Cagliostro. Ses discours ne roulent que sur ses voyages en Égypte, à la Mecque, et dans d'autres contrées lointaines, sur les sciences auxquelles il a été initié au pied des Pyramides, sur les secrets de la nature que son génie a pénétrés. Toutefois, il parle peu, et le plus souvent il se renferme dans un mystérieux silence. Quand on l'interroge avec des prières réitérées, il daigne tout au plus consentir à tracer son chiffre, figuré par un serpent qui a une pomme à la bouche, et qui est percé d'une flèche : c'est l'indice que la sagesse humaine doit se taire sur tous les mystères qu'elle a pénétrés.

Cette transformation morale qui s'accomplit chez Cagliostro pendant son second séjour à Londres, coïncide avec son affiliation à la franc-maçonnerie, et provint sans doute de cette circonstance même. Vers le milieu du dix-huitième siècle, la franc-maçon-

---

déjà cité et qui a pour titre : *Ma correspondance avec le comte de Cagliostro.*

nerie était devenue en Europe une puissance occulte d'une certaine efficacité. Nul doute que Cagliostro n'eût compris tout le parti qu'il pouvait tirer, dans le sein de cette association mystique, des connaissances qu'il avait recueillies pendant son voyage en Orient, la terre classique des prestiges. Quoi qu'il en soit, le nouvel adepte, à peine initié, conçut le plan d'une institution rivale et plus véritablement puissante que la franc-maçonnerie traditionnelle : la maçonnerie dite égyptienne, dont il devait s'instituer bientôt le chef suprême.

Mais d'où lui était venue la première idée de cette nouveauté, que, malgré ses assertions, il n'avait certes pas rapportée des Pyramides ? Une correspondance anglaise, imprimée chez Treutel, à Strasbourg, en 1788, nous fournit sur ce point un renseignement curieux. Il est dit, en parlant de Cagliostro :

« Initié aux mystères de la maçonnerie, il ne cessa, tant qu'il fut à Londres, de fréquenter les différentes loges. Peu de temps avant de quitter cette ville, il acheta d'un libraire un manuscrit qui paraissait avoir appartenu à un certain Georges Goston, qui lui était absolument inconnu. Il vit qu'il traitait de la maçonnerie égyptienne, mais suivant un système qui avait quelque chose de magique et de superstitieux. Il résolut cependant de former sur ce plan un nouveau rite de la maçonnerie, en écartant, dit-il, tout ce qu'il pourrait y avoir d'impie, c'est-à-dire, la magie et la superstition. Il établit, en effet, ce système, et c'est le rite dont il est le fondateur, qui s'est propagé dans toutes les parties du monde, et qui a tant contribué à l'étonnante célébrité de son auteur. »

Telle est la vulgaire origine qu'assignent au rite égyptien ceux qui ne veulent pas croire que Cagliostro en ait reçu la tradition directement des successeurs d'Énoch et d'Élie.

Quoi qu'il en soit, à partir de ce temps, Cagliostro entre dans sa carrière de faiseur de miracles. Non seulement, il passe pour avoir trouvé l'art de prolonger la vie au moyen de la pierre philosophale ; mais on signale que, pour la première fois, il commence à guérir les malades qui réclament ses secours. Ce dernier fait est avancé par le familier de l'Inquisition qui a écrit sa vie[14], et quand ce biographe affirme, on peut le croire, car c'est un historien qui a pris en grippe son héros.

Le même écrivain suppose que les contributions des loges maçonniques étaient la principale source de l'or et de l'argent que Cagliostro semait partout, avec tant de profusion, sur son passage. Nous croyons que c'est à cette opinion qu'il faut s'arrêter pour expliquer ses richesses dans cette seconde partie de sa carrière. Il voyageait toujours en poste, avec une suite considérable. Les livrées de ses laquais, qu'il avait commandées à Paris, avaient coûté plus de vingt louis chacune. Il est certain que Cagliostro possédait un ensemble de qualités et d'aptitudes qui devaient le recommander aux francs-maçons comme le plus

---

[14] *Vie de Joseph Balsamo, connu sous le nom de comte de Cagliostro, extraite de la procédure instruite contre lui à Rome en 1790, traduite d'après l'original italien*, imprimée à la chambre apostolique, enrichie de notes curieuses et ornée de son portrait. 1 vol, in-8, à Paris et à Strasbourg, 1791.

puissant propagandiste. Mais ils auraient aussi à lui reprocher le perpétuel abus de confiance dont il s'est rendu coupable envers ses commettants, puisqu'en fait de maçonnerie, il ne propageait partout que la sienne, c'est-à-dire cette franc-maçonnerie égyptienne, dont il s'était fait le grand chef. Il en avait jeté les premières bases à Londres, et lorsqu'il quitta cette ville, il y laissa déjà plusieurs adeptes, recrutés parmi les frères des loges ordinaires.

Lorenza s'était transfigurée en même temps que son époux. Son ambition et ses manières devinrent dignes des nouveaux projets de Cagliostro ; elle visa, comme lui, à la gloire des succès grandioses. De même que Cagliostro avait dépouillé le vieil homme, ainsi Lorenza ne fut plus la femme vulgaire qui, jusque-là, s'était complaisamment prêtée à l'exploitation des bourgeois et des quakers amoureux.

Ayant pris congé des Anglais de Londres, Cagliostro et sa femme se montrèrent quelque temps à la Haye, et se rendirent à Venise, où Cagliostro rencontra d'autres Anglais, c'est-à-dire des créanciers, dont quelques-uns faisaient mine de se montrer très exigeants. Il fallut se hâter de mettre au moins une frontière entre soi et ce vestige importun de la vie passée. On part donc inopinément pour l'Allemagne, on ne fait que traverser Vienne, et on s'arrête enfin dans le Holstein.

D'après certains documents d'une véracité assez suspecte[15], Cagliostro et sa femme auraient eu, dans

---

[15] *Mémoires authentiques pour servir à l'histoire du comte de Cagliostro*, 1785.

le Holstein, une entrevue avec le fameux comte de Saint-Germain, qui, depuis plusieurs années, se reposait là, dans son immortalité, « et faisait en paix le bonheur de trois personnes qui l'abreuvaient des meilleurs vins de Champagne et de Hongrie, en reconnaissance du Pactole qu'il avait amené dans leurs terres[16]. »

La lettre dans laquelle Cagliostro demanda une audience au comte de Saint-Germain, portait qu'il désirait se prosterner devant le dieu des croyants. Le dieu fit répondre qu'il serait visible à deux heures de la nuit.

« Ce moment arrivé, Cagliostro et sa femme se revêtirent d'une tunique blanche, coupée par une ceinture aurore, et se présentèrent au château. Le pont-levis se baisse, un homme de six pieds, vêtu d'une longue robe grise, les mène dans un salon mal éclairé. Tout à coup deux grandes portes s'ouvrent, et un temple resplendissant de mille bougies frappe leurs regards. Sur un autel était assis le comte de Saint-Germain ; à ses pieds, deux ministres tenaient deux cassolettes d'or, d'où s'élevaient des parfums doux et modérés. Le dieu avait sur sa poitrine une plaque de diamants, dont à peine on supportait l'éclat. Une grande figure blanche et diaphane soutenait dans ses mains un vase sur lequel était écrit : Élixir de l'immortalité. Un peu plus loin, on apercevait un miroir immense devant lequel se promenait une figure majestueuse, et au-dessus du miroir était écrit : Dépôt des âmes errantes.

---

[16] *Vie de Joseph Balsamo, extraite de la procédure instruite contre lui à Rome en 1790* ; chap. III, p. 124.

« Le plus morne silence régnait dans cette enceinte sacrée ; une voix, qui n'en était plus une, fit cependant entendre ces mots : Qui êtes-vous ? d'où venez-vous ? que voulez-vous ?

« Alors, le comte de Cagliostro se prosterna la face contre terre, ainsi que la comtesse, et, après une longue pause, il répondit : Je viens invoquer le dieu des croyants, le fils de la nature, le père de la vérité ; je viens demander un des quatorze mille sept cents secrets qu'il porte dans son sein, je viens me faire son esclave, son apôtre, son martyr.

« Le dieu ne répondit rien ; mais, après un assez long silence, une voix se fit entendre et dit : Que se propose la compagne de tes longs voyages ?

« Lorenza répondit : Obéir et servir.

« Alors les ténèbres succèdent à l'éclat de la lumière, le bruit à la tranquillité, la crainte à la confiance, le trouble à l'espoir, et une voix aigre et menaçante dit : Malheur à qui ne peut supporter les épreuves[17] ! »

On sépara les deux époux pour leur faire subir respectivement leurs épreuves. Celles de Lorenza ressemblent assez aux tentations qu'elle-même suscita plus tard à ses trente-six adeptes, dans le temple de la rue Verte. Elle fut enfermée dans un cabinet, en tête-à-tête avec un homme maigre, pâle et grimacier, qui se mit à lui conter ses bonnes fortunes, et à lui lire les lettres des plus grands rois. Il finit par lui demander les diamants qui ornaient sa tête ; Lorenza se

---

[17] *Mémoires authentiques pour servir à l'histoire du comte de Cagliostro.*

hâta de les lui donner. Ce fut alors le tour d'un autre homme ; celui-ci était de la plus belle figure, aux yeux très expressifs et à la parole pleine de séduction. Mais Lorenza fut sublime d'insensibilité et de moquerie. Ayant perdu tous ses frais avec elle, ce nouvel examinateur se retira, en lui laissant un brevet de résistance sur parchemin. Alors, elle fut conduite dans un vaste souterrain, pour être témoin du plus horrible spectacle : des hommes enchaînés, des femmes qu'on frappait du fouet, des bourreaux qui coupaient des têtes, des condamnés qui buvaient la mort dans des coupes empoisonnées, des fers rougis, des poteaux chargés d'écriteaux infamants. « Nous sommes, dit une voix, les martyrs de nos vertus ; voilà comment les humains, au bonheur desquels nous nous consacrons, récompensent nos talents et nos bienfaits. » Mais ni cette vision, ni ces paroles, ne causèrent le moindre trouble à Lorenza, et ce fut sa dernière épreuve.

Celles de Cagliostro furent exclusivement morales ; et il s'en tira à son honneur. Ramenés dans le temple, les deux époux furent avertis qu'on allait les admettre aux divins mystères. Là, un homme, revêtu d'un long manteau, prit le premier la parole et dit :

« Sachez que le grand secret de notre art est de gouverner les hommes, et que l'unique moyen est de ne jamais leur dire la vérité. Ne vous conduisez pas suivant les règles du bon sens ; bravez la raison, et produisez avec courage les plus incroyables absurdités. Souvenez-vous que le premier ressort de la nature, de la politique, de la société, est la reproduction ; que la chimie des mortels est d'être immortels, de connaître l'avenir, lors même qu'ils ignorent le présent, d'être spirituels, tandis qu'eux et tout ce qui les environne sont matière.»

L'orateur, ayant terminé son discours, s'inclina devant le dieu des croyants et se retira. Dans le même moment, on vit paraître un homme de haute stature, qui enleva Lorenza, et la porta devant l'immortel comte de Saint-Germain, lequel s'exprima en ces termes:

«Appelé dès ma plus tendre jeunesse aux grandes choses, je m'occupai à connaître quelle est la véritable gloire. La politique ne me parut que la science de tromper; la tactique, l'art d'assassiner; la philosophie, l'orgueilleuse manie de déraisonner; la physique, de beaux rêves sur la nature, et les égarements continuels de gens transportés dans un pays inconnu; la théologie, la connaissance des misères où conduit l'orgueil humain; l'histoire, l'étude triste et monotone des erreurs et des perfidies. Je conclus de là que l'homme d'État était un menteur adroit; le héros, un illustre fou; le philosophe, un être bizarre; le physicien, un aveugle à plaindre; le théologien, un précepteur fanatique, et l'historien, un vendeur de paroles. J'entendis parler du dieu de ce temple; j'épanchai dans son sein mes peines, mes incertitudes, mes désirs. Il s'empara de mon âme, et me fit voir tous les objets sous un autre point de vue. Dès lors, je commençai à lire dans l'avenir; cet univers si borné, si étroit, si désert, s'agrandit. Je vécus non seulement avec ceux qui existaient, mais encore avec ceux qui ont existé. Il me fit connaître les plus belles femmes de l'antiquité: cette Aspasie, cette Leontium, cette Sapho, cette Faustine, cette Sémiramis, cette Irène, dont on a tant parlé. Je trouvai bien doux de tout savoir sans apprendre, de disposer des trésors de la terre sans les mendier auprès des rois, de commander aux éléments plutôt qu'aux hommes. Le ciel me fit naître généreux. J'ai de quoi satisfaire mon penchant. Tout ce qui m'environne est riche, aimant, prédestiné.»

Comme nous l'avons dit, on manque de détails précis sur les miracles de cet homme extraordinaire qui disait avoir bu avec Jésus-Christ aux noces de Cana, et dont les récits, non moins savants que fabuleux, étaient enjolivés de circonstances si heureusement trouvées, qu'on l'eût volontiers pris pour un contemporain des choses qu'il racontait. On n'a jamais rien su de certain sur son origine, ni sur la source de ses richesses, qui paraissent avoir été considérables. On a supposé qu'il était un de ces espions, magnifiquement dotés, que les cours entretiennent quelquefois dans les cercles aristocratiques des diverses capitales. Quoi qu'il en soit, les finances du comte de Saint-Germain n'étaient jamais épuisées, tandis que celles de Cagliostro l'étaient fort souvent, comme on l'a vu. Mieux que le divin Cagliostro, le dieu des croyants sut encore prendre très bien ses mesures pour faire croire à son immortalité. Ce fut dans les jours les plus brillants de sa gloire, après avoir fasciné la haute société de Paris, et vécu dans l'intimité d'une maîtresse du roi (Mme de Pompadour), qu'il disparut un jour, sans laisser de traces, voulant cacher sa mort avec autant de soin qu'il avait caché sa naissance. Par malheur, les biographes, gens très curieux par état, ont découvert que le comte de Saint-Germain avait fini ses jours comme un simple mortel, à Sleswig, en 1784.

Après leur initiation par le comte de Saint-Germain, initiation vraie ou fausse, car nous n'en avons pour garant qu'une relation qui aurait besoin elle-même d'être garantie, Cagliostro et sa femme passèrent en Courlande, où ils établirent des loges maçonniques selon le rite égyptien. La beauté de Lorenza fit tourner la tête à plus d'un grand personnage du pays. Elle était d'autant plus désirée que son mari lui faisait alors jouer le rôle de femme respectable. « À Mittau, dit un écrivain que nous avons déjà cité, le nombre des poursuivants devint considérable ; l'or et les bijoux tombaient par monceaux aux pieds de cette nouvelle Pénélope, qui filait et défilait sa toile avec une admirable adresse. » Ce fut alors que, suivant l'historien de l'Inquisition, Cagliostro, puissamment secondé par les charmes de Lorenza, se serait rendu maître des esprits d'une grande partie de la noblesse de Courlande, au point que les plus enthousiastes lui auraient offert de détrôner le duc régnant pour le mettre à sa place.

Il faut mentionner ici, d'après l'historien de l'Inquisition, deux prodiges qui signalèrent le séjour de Cagliostro en Courlande, et dont le premier fit grand bruit en Europe.

« ... Parmi les circonstances qui contribuèrent à sa haute réputation, la plus frappante, sans doute, fut l'événement qui justifia la prédiction qu'il avait faite sur Scieffort, à Dantzick. Cagliostro avait prédit la mort de cet illuminé célèbre. Scieffort se tua, en effet, d'un coup de pistolet. Les maçons, qui étaient en grand nombre à Mittau, invitèrent le prophète à leurs loges; il s'y rendit, et il y présida en qualité de chef et de visiteur. Ces différentes loges suivaient les dogmes et les rites de Scieffort, du Suédois Swedenborg, et de M. Fale, pontife des juifs, qui sont tous regardés comme docteurs de la loi chez les illuminés... Cagliostro fonda près d'eux une loge d'hommes et de femmes, avec toutes les cérémonies prescrites dans son livre. Il parla, comme vénérable, dans l'assemblée et il parla toujours bien, toujours soutenu comme à l'ordinaire, de l'inspiration et de l'assistance de Dieu. Mais tout cela n'ayant pas suffi pour éclairer ses auditeurs, il s'engagea à leur donner une preuve réelle de la vérité des maximes qu'il annonçait...

« Il fit donc venir en loge un petit enfant, fils d'un grand seigneur; il le plaça à genoux devant une table, sur laquelle était une carafe d'eau pure, et derrière la carafe, quelques bougies allumées: il fit autour de lui un exorcisme, lui imposa la main sur la tête, et tous deux dans cette attitude adressèrent leurs prières à Dieu pour l'heureux accomplissement du travail. Ayant dit alors à l'enfant de regarder sous la carafe, celui-ci s'écria tout à coup qu'il voyait un jardin, connaissant par là que Dieu le secourait. Cagliostro prit courage, et lui dit de demander à Dieu la grâce de lui faire voir l'ange Michel.

« D'abord l'enfant dit: "Je vois quelque chose de blanc, sans distinguer ce que c'est." Ensuite, il se mit à sauter et à s'agiter comme un possédé, en criant: "Voilà que j'aperçois un enfant comme moi, qui me paraît avoir quelque chose d'angélique." Et il en donna une description conforme à l'idée qu'on se fait des anges.

« Toute l'assemblée, et Cagliostro lui-même, restèrent interdits. Il attribua encore ce succès à la grâce de Dieu, qui, à l'entendre, l'avait toujours assisté et favorisé. Le père de l'enfant désira alors que son fils, avec le secours de la carafe, pût voir ce que faisait en ce moment sa fille aînée, qui était dans une maison de campagne distante de quinze milles de Mittau. L'enfant étant de nouveau exorcisé, ayant les mains du vénérable imposées sur sa tête, et les prières habituelles ayant été adressées au ciel, regarda dans la carafe, et dit que sa sœur, dans ce moment, descendait l'escalier et embrassait un autre de ses frères. Cela parut alors impossible aux assistants, parce que ce même frère était éloigné de plusieurs centaines de milles du lieu où était sa sœur. Cagliostro ne se déconcerta pas ; il dit qu'on pouvait envoyer à la campagne pour vérifier le fait, et tous lui ayant baisé la main, il ferma la loge avec les cérémonies ordinaires.

« On envoya, en effet, à la campagne ; tout ce que l'on avait refusé de croire se trouva vrai. Le jeune homme, embrassé par sa sœur, venait d'arriver des pays étrangers. Les hommages, les admirations furent prodigues à Cagliostro et à sa femme. Il continua à tenir des assemblées selon son système, et à faire des expériences avec la carafe et l'enfant. Une dame désira que la pupille ou la colombe vît un de ses frères qui était mort encore jeune ; l'enfant le vit en effet. « Il paraissait gai et content, ce qui me fit penser, dit Cagliostro, qu'il était dans un lieu de bonheur ; et je fus confirmé ensuite dans cette croyance parce que, dans les informations que je fis, je sus qu'il avait vécu en bon protestant[18]. »

Ce récit est important pour nous, car il montre en quoi consistaient surtout les prestiges que Cagliostro opérait, et qui lui servaient à émerveiller son monde. La vue des personnes mortes ou vivantes, leur apparition dans des miroirs ou des carafes pleines d'eau, telle était la principale de ses opérations cabalistiques. Ce que Cagliostro montrait alors en Allemagne, il le reproduisit à Paris, où les apparitions dans son miroir magique furent ce qui étonna le plus la ville et la cour. Notre opinion est qu'il avait appris cette pratique dans son voyage en Égypte. Nous avons rapporté[19], les opérations au moyen desquelles les sorciers de l'Égypte font apparaître l'image des personnes mortes ou vivantes dans des boules pleines d'eau, ou dans le creux de la main. Ces opérations sont d'une date si ancienne qu'elle se perd dans la nuit des temps.

C'est en séjournant à Alexandrie, au Caire, et dans quelques autres villes de l'Égypte, en compagnie de son maître Altotas, que Cagliostro fut, probablement, initié au secret de ce phénomène, alors inconnu en Europe. Il l'importa d'abord dans les loges maçonniques, pour obtenir le grade supérieur qu'il ambitionnait, et plus tard il le produisit devant le public, qui devait rester confondu de surprise à la vue de pareils effets. Plus habile que Mesmer, Cagliostro ne livra à personne l'examen des moyens qu'il employait,

---

[18] *Vie de Joseph Balsamo, extraite de la procédure instruite contre lui à Rome en 1790*; chap. III, p. 124.
[19] *Mesmer et le magnétisme animal*, page 374.

et son auréole de thaumaturge ne put dès lors être entamée par les objections des savants, ni les rapports des académies.

Le comte et la comtesse, ayant quitté le Holstein, comblés d'honneurs et chargés de présents, se rendirent à Saint-Pétersbourg. On sait déjà comment ils durent sortir de cette capitale, par suite de l'influence immodérée que Lorenza avait prise sur le premier ministre Potemkin ; il nous reste à dire quelques mots des actes de Cagliostro pendant le séjour qu'ils y firent.

Le prince Potemkin avait fort bien accueilli le mari, avant de savoir ce que valait la femme. Sans croire que cet étranger fût un homme divin, il pensa d'abord trouver en lui un empirique qui pouvait avoir quelques connaissances utiles en chimie. Mais, après bien des annonces merveilleuses et un fastueux étalage de science alchimique, tout ce que Cagliostro put offrir au ministre, ce fut de composer un nouvel alliage pour les boutons d'uniformes, et il ne put pas même tenir parole. Sur ce point, le savant venait d'être pris en défaut ; le magicien ne trouva guère plus de crédit parmi les grands seigneurs sceptiques de Saint-Pétersbourg. En homme prudent, Cagliostro renonça, dès lors, auprès de la cour de Russie, à tout ce qui avait une apparence de sorcellerie, et se donna simplement comme médecin.

Il eut bientôt l'occasion de faire, en cette qualité, le chef-d'œuvre d'un art transcendant ou d'une diabolique audace. M. Jules de Saint-Félix raconte comme il suit cette aventure :

« L'enfant d'un grand seigneur était dangereusement malade. Il avait à peine un an. Bientôt les médecins déclarèrent qu'ils n'avaient plus d'espoir de le sauver. On parla de Cagliostro au comte et à la comtesse... Il fut appelé, l'enfant était à toute extrémité. Cagliostro examina le malade, et promit hardiment de le rendre à la santé, mais à la condition qu'on transporterait chez lui cet enfant presque moribond. Les parents y consentirent avec peine ; mais ils ne voulurent pas renoncer à ce dernier moyen de sauver la vie à leur fils bien-aimé.

« Au bout de huit jours, Cagliostro vint déclarer à la famille que l'enfant allait mieux, mais il continua à interdire aux parents toute visite. Au bout de quinze jours, il permit au père de voir son enfant quelques instants. Le comte, transporté de joie, après sa visite au malade, offrit à Cagliostro une somme considérable. Celui-ci refusa, déclarant qu'il n'agissait que dans un but d'humanité, et qu'il rendrait l'enfant de santé parfaite, sans accepter la moindre rémunération.

« Cette générosité de conduite, cette noblesse de sentiments excitèrent un enthousiasme universel à Saint-Pétersbourg. Les détracteurs du comte de Fénix (c'est le nom que Cagliostro avait pris en arrivant en Russie) eurent la bouche close et demeurèrent confus. Partout où se montrait le célèbre étranger, il était entouré et fêté. Des malades illustres se présentaient chez lui. Il les congédiait avec une rare politesse, avec une aménité charmante, en déclarant qu'ils avaient à Saint-Pétersbourg les plus habiles praticiens à leurs ordres, et qu'il se garderait bien de traiter les clients de ses maîtres, se regardant comme le plus humble de leurs confrères. Mais si des infirmes et des malades de la classe pauvre venaient réclamer son ministère, il leur prodiguait ses soins, ses médications, les soulageait, les guérissait quelquefois, et de plus, les assistait de sa bourse avec une générosité princière.

« Vraiment cet homme était étourdissant. Le médecin avait réhabilité le charlatan ; le bienfaiteur avait racheté l'aventurier. Le peuple commençait à le regarder comme un être surnaturel, et les hautes classes, forcées de l'admirer, lui rendirent toute leur estime.

« Or, la belle Lorenza ne contribuait pas peu au succès de son mari. Aux élixirs, aux spécifiques que distribuait le comte Fénix, elle ajoutait l'aimant de son regard et l'enchantement de ses paroles.

. . . .

« Il faut convenir qu'à cette époque la conduite de Cagliostro était d'une habileté merveilleuse ; il avait trouvé le secret infaillible pour réussir. On était à la veille de le prendre au sérieux, lui, sa morale et sa science, et pour peu qu'il eût joué son jeu avec prudence, pour peu surtout que Lorenza eût voulu y aider, Pétersbourg, la cour, les boyards, l'impératrice même accepteraient ce personnage étrange comme un esprit supérieur, un inspiré d'en haut, un ange incarné qui pouvait accomplir des miracles. On était bien près alors de croire à sa longévité de vingt siècles, à sa divination, à ses secrets surnaturels, à son élixir de vie, à ses fourneaux redoutables, à son or et à ses diamants. Qui sait ? on eût peut-être accepté la franc-maçonnerie égyptienne, et le grand cophte serait parvenu probablement à fonder une loge mère à Saint-Pétersbourg[20]. »

C'eût été le triomphe suprême de Cagliostro. Lorenza aida de son mieux à le préparer ; elle y aida même trop bien, car si l'élève et l'épouse du comte de Fénix commençait à comprendre la vie, elle manquait aux principes les plus sacrés de la politique en osant toucher aux inclinations de la czarine, autocrate de toutes les Russies, une femme qui n'entendait pas plus le partage dans l'amour que dans l'autorité. Revenons à l'enfant qu'on avait confié à Cagliostro.

Il venait de le rendre à ses parents dans le meilleur état de santé, frais, plein d'animation et attaquant avec vivacité le sein de sa nourrice. Cette noble famille était ivre de joie et de bonheur ; elle voulut être magnifique dans sa reconnaissance. Le père offrit cinq mille louis, que Cagliostro refusa d'abord avec une crânerie magnifique. On insista, et il devint moins féroce dans son refus ; on le pressa encore, et il souffrit que la somme fût apportée chez lui. Elle y resta.

Mais, quelques jours s'étant écoulés, un horrible soupçon entra, comme un stylet, dans le cœur de la mère. Il lui sembla qu'au lieu de son propre enfant, on lui avait rendu un enfant étranger. Ce ne fut qu'un doute ; mais, en pareille matière, un doute n'est-il pas le plus affreux des tourments ? La mère ne sut pas si bien le renfermer dans son âme qu'il ne s'ensuivît une sourde rumeur dans le grand monde de Saint-Pétersbourg. La czarine, à qui sa fierté ne permettait pas de

[20] *Aventures de Cagliostro*, in-18. Paris, 1835, page, 68-71.

s'avouer jalouse, s'arma de ce bruit pour expédier le couple Cagliostro.

Elle avait mandé Lorenza à Czarskœcelo. Après l'avoir dûment interrogée, retournée, confessée, et ayant tiré d'elle tous les aveux nécessaires sur le chapitre de Potemkin, elle se leva, et d'une voix qui dissimulait mal son dépit : « Partez, dit-elle, je le veux. On vous comptera vingt mille roubles pour votre voyage. Mais si demain vous n'êtes pas sur la route de France, vous et votre mari, je vous préviens que l'ordre de vous arrêter sera donné. On parle d'un enfant substitué à un autre qui aurait disparu... Je n'ai pas encore prêté l'oreille à ces rumeurs ; prenez garde, madame, et partez, je vous le conseille..., je vous l'ordonne. »

Si Catherine avait eu besoin d'autres raisons pour motiver cet ordre, ces raisons ne lui auraient pas manqué. Voulant utiliser à Saint-Pétersbourg les faux brevets qu'il tenait de son ancien ami, le marquis d'Agliata, Cagliostro s'était annoncé sous le titre de colonel au service de l'Espagne. Mais le chargé d'affaires de la cour de Madrid avait réclamé ministériellement contre ce mensonge, et cela quelques jours avant la fuite des deux époux.

Cette fuite, sauf les roubles et l'opulent bagage qu'ils emportaient, fut donc une véritable déroute. Ils passèrent par Varsovie, où, d'après certaines relations, Cagliostro se serait adonné à la transmutation des métaux. Mais, d'après la procédure de l'Inquisition, sa principale industrie, dans cette capitale, aurait consisté à tromper un prince polonais fort riche. Séduit par les opérations de Cagliostro, le prince Adam Poninski voulut se faire initier par lui aux secrets de la magie, et donna plusieurs milliers d'écus pour obtenir de Cagliostro un diable qui obéirait à son commandement. Cagliostro n'ayant pu remplir sa promesse, Poninski, frustré de la possession de son diable, exigea, en compensation, celle de la belle Képinska, la dame de ses pensées. Tout ce que put faire le magicien, ce fut de lui en procurer l'image dans son miroir magique. Le prince n'entendait pas se contenter d'une apparition. Il força, par ses menaces, Cagliostro et sa femme à lui rendre ses présents et à quitter précipitamment Varsovie.

Ils se dirigèrent sur Francfort, et, après s'être arrêtés quelques jours dans cette ville, ils partirent pour Strasbourg, où ils firent cette pompeuse entrée que nous avons essayé de décrire. Parmi tous les titres que se donnait alors Cagliostro, nous avons omis de faire figurer celui de colonel au service du roi de Prusse. Cagliostro avait la manie de ce grade ; il en portait souvent l'uniforme et en montrait le brevet. Nous devons même ajouter que ce brevet était en bonne forme, et présentait des marques d'authenticité d'autant plus évidentes qu'il était encore sorti des habiles mains du marquis d'Agliata.

CHAPITRE VI

DÉNOUEMENT DE L'AFFAIRE DU COLLIER —
CAGLIOSTRO DEVANT SES JUGES — CAGLIOSTRO
QUITTE LA FRANCE — SA MORT

Le 30 août 1786, le parlement de Paris se réunit en séance solennelle. Dès les premières heures du matin, les Condé, les Rohan, les Soubise, les Guéménée, en habits de deuil, attendaient dans le vestibule, et saluèrent à leur passage les membres de la cour, pour les émouvoir par leur contenance. Quarante-neuf membres siégeaient en robes rouges. Les accusés ayant été introduits, on chercha vainement des yeux le Prince cardinal. Par égard pour son nom et ses dignités, les juges avaient voulu l'exempter de paraître sur la sellette ; il restait, pendant l'audience, sous la garde du lieutenant de la Bastille, dans le cabinet du greffier en chef.

Les interrogatoires commencèrent par les autres accusés. On a dit que Cagliostro, dans sa prison de la Bastille, avait, en prodiguant l'argent à ses gardes, obtenu la faculté de concerter ses réponses avec celles de Mme de La Motte. C'est une hypothèse peu probable. Cagliostro devait, au contraire, avoir d'excellentes raisons pour séparer sa cause de celle de cette femme, puisque ses adversaires n'allèrent pas jusqu'à l'accuser d'avoir voulu s'approprier une partie quelconque du prix des diamants volés. On prétendait seulement qu'il avait dû deviner le but financier de l'intrigue amoureuse qui s'était nouée en partie autour de lui, et pour laquelle il avait même donné une consultation ou rendu un oracle. Il y avait certainement dans cette affaire beaucoup de circonstances fort compromettantes pour lui. Il nia tout ce qu'il était possible de nier, en dépit des avocats de Mme de La Motte, qui, croyant utile à leur cliente d'agrandir le rôle que Cagliostro avait joué dans cette intrigue, l'attaquèrent avec beaucoup d'acharnement. Mme de La Motte elle-même, confrontée avec lui, ne l'épargna guère, mais sans pouvoir l'ébranler. À le voir toujours si calme et si intrépide dans ses dénégations, elle ne se posséda plus, et, dans un accès de fureur, elle lui jeta un chandelier à la tête, en présence de ses juges.

L'attitude de Cagliostro égaya la séance. Vêtu d'un habit de soie verte brodé d'or, avec ses longs cheveux tressés depuis le haut de la tête, et qui tombaient en petites queues sur les épaules, à la manière des cadenettes qu'on porta plus tard, il avait l'air d'un riche charlatan. Sa première réponse à l'interrogatoire dérida tout de suite les visages : « Qui êtes-vous ? » lui demanda le président. « Un noble voyageur, » répondit-il. Alors Cagliostro entama une longue harangue, entremêlée d'italien, d'arabe, de grec, de latin, et de français, le tout accompagné d'une pantomime frénétique.

La séance avait commencé à sept heures du matin, et la nuit était venue pendant la longue séance des interrogatoires. Les débats furent clos en ce qui concernait les quatre accusés présents. Ils n'avaient établi aucune charge positive contre Cagliostro, qui n'avait pas cessé de porter haut la tête, et de se poser comme un personnage tout à fait dépareillé au milieu des gens dont l'accusation avait voulu le faire le complice. Dans un moment où il tirait trop grand avantage de son train de vie, de ses dépenses considérables, toujours payées argent comptant, et de ses abondantes aumônes, le président crut devoir le rappeler à la modestie par cette observation sévère : « La réalité de votre fortune ne paraît pas douteuse ; mais c'est sa source qui est pour nous un mystère. »

Les quatre accusés s'étant retirés, la sellette fut enlevée, et remplacée par un fauteuil, sur lequel le Prince-cardinal vint majestueusement s'asseoir, après ces paroles du premier président d'Aligre : « M. le cardinal est le maître, s'il le veut, de s'asseoir. » Son interrogatoire, pure affaire de forme, eut plutôt le caractère d'une conversation entre gens de haute compagnie. Après ce dialogue, qui ne fut ni vif ni animé, le premier président prononça la clôture des débats, et le cardinal, salué par la cour à sa sortie, comme il l'avait été à son entrée, regagna le cabinet du greffier pour y attendre le délibéré. Au bout de quelques minutes, la cour rentra en séance, et le premier président lut l'arrêt dont voici l'extrait :

« La pièce, base du procès, les approuvés et les signatures en marge, sont reconnus frauduleusement apposés et faussement attribués à la reine ;

« La Motte, contumace, est condamné aux galères à perpétuité ;

« La dame La Motte sera fouettée, elle sera marquée sur les deux épaules de la lettre V, et enfermée à l'hôpital à perpétuité ;

« Rétaux de Villette est banni pour toujours du royaume ;

« La demoiselle Oliva est mise hors de cour ;

« Le sieur Cagliostro est déchargé de l'accusation ;

« Le cardinal est déchargé de toute espèce d'accusation. Les termes injurieux répandus contre lui dans les mémoires de la dame La Motte seront supprimés ;

« Il est permis au cardinal de faire imprimer l'arrêt. »

Et c'est ainsi que justice fut faite. On eût été mal venu de dire, à propos de cet arrêt : Dat veniam corvis, vexat censura colombas.

Il n'y avait point de colombes dans l'affaire, pas même de celles à la façon de Cagliostro, excepté peut-être la belle d'Oliva, qu'on prétendait avoir agi sous le charme d'un puissant magnétisme ; mais on vient de voir que la cour ne l'avait point maltraitée. Quant à la dame de La Motte, qui certes ne pouvait passer pour une colombe, elle subit sa peine infamante au pied du grand escalier du palais. Le 20 juin, après plusieurs retards apportés à l'exécution, retards qu'une partie du public interprétait dans un sens défavorable à l'innocence de la reine, on fit descendre Mme de La Motte, à l'improviste et sous un prétexte, dans la cour de la Conciergerie, où elle fut garrottée et livrée au bourreau. Elle opposa une résistance inouïe ; elle égratignait, elle mordait, et, la bouche écumante, elle lançait d'atroces injures contre la reine et contre le cardinal. Épuisée et mise en lambeaux par cette lutte forcenée, elle sentit enfin siffler dans sa chair le fer infamant. On l'emporta inanimée, et on l'enferma à l'hôpital de la Salpétrière, comme l'ordonnait la sentence. Mais au bout d'un an elle séduisait une sœur converse, qui, en lui donnant la clef des champs, lui recommanda la prudence, avec un calembour d'autant plus heureux, qu'il n'était pas prémédité : « Allez, madame, lui dit-elle en lui ouvrant la porte de sa prison, et prenez garde de vous faire remarquer. »

À peine arrivée à Londres, elle y écrivait de scandaleux mémoires où elle déverse l'injure sur Marie-Antoinette. La fin de cette misérable intrigante fut digne de sa vie : elle fut jetée par une fenêtre, pendant une orgie, par ses compagnons de débauche, occupés à dissiper avec elle les produits de la vente des diamants du collier de la reine.

Revenons à Cagliostro. Son acquittement fut accueilli comme un bonheur public, non seulement par ses nombreux sectaires, mais encore par tout le peuple de Paris. Une multitude immense le ramena en triomphe de la Bastille à son hôtel, et porta jusque sous ses fenêtres les démonstrations d'une joie frénétique. Les cris de : Vive Cagliostro ! Vive le bienfaiteur de l'humanité ! retentissaient au milieu de cette foule enthousiaste, comme dans la plupart des quartiers. Des fêtes furent données à l'occasion de cet événement ; plusieurs maisons furent illuminées. L'historien de l'inquisition de Rome ajoute même qu'on sonna les cloches des églises, et que le peuple, rassemblé autour de la maison de Cagliostro, déclara à celui-ci que, pour le conserver à Paris, il était prêt à s'armer contre l'autorité royale.

Tout en rabattant de ces exagérations, on ne saurait douter de l'effervescence d'un fanatisme que Cagliostro lui-même crut devoir tempérer. Du haut de la terrasse de sa maison de la rue Saint-Claude, où la multitude l'avait accompagné de son enthousiaste et bruyant cortège, il remercia le peuple de Paris, et il ne parvint à le calmer et à dissiper la foule qu'en lui disant que «dans un autre temps il lui ferait entendre sa voix». Et nous verrons qu'il tint parole.

Pour le moment, l'autorité vint en aide à la modestie du triomphateur. Le lendemain de sa délivrance, un ordre du roi enjoignait à Cagliostro de quitter Paris dans les vingt-quatre heures. Il se retira au village de Passy, où il fut suivi par un grand nombre de ses sectateurs et adeptes, parmi lesquels étaient plusieurs seigneurs de la cour, qui voulurent lui témoigner leur vénération profonde en faisant la garde, deux à deux, dans son appartement.

Tant d'honneurs et de respects ne lui faisaient pourtant pas oublier la Bastille; il était impatient de quitter la France. Après avoir séjourné à Passy environ trois semaines, pendant lesquelles il fit encore de nombreuses réceptions maçonniques, Cagliostro partit pour l'Angleterre, sans avoir lassé l'enthousiasme parisien. Son départ fut un deuil public, même dans les provinces éloignées de la capitale. Au moment où il s'embarquait à Boulogne, cinq mille personnes, à genoux, lui demandaient sa bénédiction.

On peut juger de la vénération profonde et de la soumission absolue que lui avaient vouées ses adeptes par quelques-unes de leurs lettres, tombées entre les mains des agents de l'inquisition. La suivante a été écrite par un disciple qui l'avait quitté depuis peu, et qui espérait le revoir bientôt :

« Mon maître éternel, mon tout, il semblait que la mer s'opposât à la séparation que j'étais forcé d'éprouver ; nous avons été dix-huit heures en mer, et nous sommes arrivés le 11, dans la matinée. Mon fils a beaucoup souffert. Mais, maître, j'ai eu le bonheur de vous voir cette nuit. L'Éternel a réalisé la bénédiction que je reçus hier : ah ! mon maître, après Dieu, vous faites ma félicité. Les jeunes... et... se recommandent toujours à votre bonté ; ce sont d'honnêtes jeunes gens, et, par le moyen de votre pouvoir, ils seront dignes un jour d'être vos fils.

« Ah ! maître ! combien je désire d'être au mois de septembre ! Combien je suis heureux quand je puis vous voir, vous entendre, et vous assurer de ma félicité et de mon respect ! Nous partons demain, quel plaisir auront nos frères !

« Je n'ai pas reçu la lettre que... m'a écrite ; elle était partie de ce matin, à quatre heures, et nous sommes arrivés à onze.

« Est-il possible que je ne trouve plus à Paris celui qui faisait ma félicité ! Mais je me résigne et m'humilie devant Dieu et devant vous.

« J'ai écrit à M... comme vous l'avez ordonné. Ah ! mon maître ! combien il est dur pour moi de ne pouvoir plus vous assurer, que par lettres de tous nos sentiments ! Ce mois de septembre viendra ; moment heureux ! où je pourrai à vos pieds et à ceux de la maîtresse, vous assurer de la soumission, du respect et de l'obéissance qui animeront toujours celui qui ose se dire : de son maître et de son tout, etc.

« Boulogne-sur-Mer, le 20 juin 1786, le plus humble et le plus indigne de ses fils, etc.

« Oserais-je vous prier, ô maître, de me mettre aux pieds de ma maîtresse ? »

Un autre disciple lui écrivait du même lieu et à la même date :

« Monsieur et maître, N... m'a donné la manière de vous faire parvenir les hommages de mon respect ; le premier usage que j'en fais est de me jeter à vos pieds, de vous donner mon cœur, et de vous prier de m'aider à élever mon esprit vers l'Éternel. Je ne vous parlerai pas, ô mon maître, de la douleur que j'ai éprouvée dans le moment où les flots de l'Océan ont éloigné de la France le meilleur des maîtres et le plus puissant des mortels : vous la connaissez mieux que moi.

« Mon âme et mon cœur doivent vous être ouverts, et vos vertus, votre morale et vos bienfaits, ont seuls le droit de les remplir pour toujours. Daignez, ô mon souverain maître, vous souvenir de moi, vous rappeler que je reste isolé au milieu de mes amis, puisque je vous ai perdu, et que l'unique vœu de mon cœur est de me réunir au maître tout bon, tout-puissant, qui seul peut communiquer à mon cœur cette force, cette persuasion et cette énergie qui me rendront capable d'exécuter sa volonté.

« J'attendrai avec respect, et avec une égale soumission, vos ordres souverains, ô mon maître ; et, quels qu'ils puissent être, je les remplirai avec tout le zèle que vous devez attendre d'un sujet qui vous appartient, et qui vous a juré sa foi et consacré son obéissance la plus aveugle.

« Daignez seulement, ô mon maître, ne pas m'abandonner, m'accorder votre bénédiction et m'envelopper de votre esprit ; alors je sens que je serai tout ce que vous voudrez que je sois.

« Ma plume se refuse à toutes les impulsions de mon âme ; mais mon cœur est tout rempli des plus respectueux sentiments. Ordonnez donc de mon sort ; ne me laissez pas trop languir loin de vous. La félicité de ma vie est celle que je vous demande, vous m'en avez fait naître le besoin, ô mon maître, et vous seul pouvez le satisfaire. »

« Avec tous les sentiments d'un cœur résigné et soumis, je me prosterne à vos pieds et à ceux de notre maîtresse. Je suis, avec le plus profond respect, monsieur et maître, etc.

Boulogne-sur-Mer, le 20 juin 1786. Votre fils, sujet et dévoué à la vie et à la mort. N... »

Nous citerons une troisième lettre où l'on fait part à Cagliostro de la consécration de la loge égyptienne de Lyon, et où de tendres actions de grâces lui sont adressées pour avoir autorisé cette auguste cérémonie.

« Monsieur et maître, rien ne peut égaler vos bienfaits, si ce n'est la félicité qu'ils nous procurent. Vos représentants se sont servis des clefs que vous leur avez confiées ; ils ont ouvert les portes du grand temple, et nous ont donné la force nécessaire pour faire briller votre grande puissance.

« L'Europe n'a jamais vu une cérémonie plus

auguste et plus sainte ; mais, nous osons le dire, monsieur, elle ne pouvait avoir de témoins plus pénétrés de la grandeur du Dieu des dieux, plus reconnaissants de vos suprêmes bontés.

« Vos maîtres ont développé leur zèle ordinaire, et ce respect religieux qu'ils portent toutes les semaines aux travaux intérieurs de notre loge. Nos compagnons ont montré une ferveur, une piété noble et soutenue, et ont fait l'éducation de deux frères qui ont eu l'honneur de vous représenter. L'adoration des travaux a duré trois jours, et, par un concours remarquable de circonstances, nous étions réunis au nombre de vingt-sept dans le temple ; sa bénédiction a été achevée le 27, et il y a eu cinquante-quatre heures d'adoration.

« Aujourd'hui notre désir est de mettre à vos pieds la trop faible expression de notre reconnaissance. Nous n'entreprendrons pas de vous faire le récit de la cérémonie divine dont vous avez daigné nous rendre l'instrument ; nous avons l'espérance de vous faire parvenir bientôt ce détail par un de nos frères, qui vous le présentera lui-même. Nous vous dirons cependant qu'au moment où nous avons demandé à l'Éternel un signe qui nous fît connaître que nos vœux et notre temple lui étaient agréables, tandis que notre maître était au milieu de l'air, a paru, sans être appelé, le premier philosophe du Nouveau Testament. Il nous a bénis après s'être prosterné devant la nuée dont nous avons obtenu l'apparition, et s'est élevé sur cette nuée, dont notre jeune colombe n'a pu soutenir la splendeur, dès l'instant qu'elle est descendue sur la terre.

« Les deux grands prophètes et le législateur d'Israël nous ont donné des signes sensibles de leur bonté et de leur obéissance à vos ordres : tout a concouru à rendre l'opération complète et parfaite, autant qu'en peut juger notre faiblesse.

« Vos fils seront heureux, et vous daignez les protéger toujours, et les couvrir de vos ailes : ils sont encore pénétrés des paroles que vous avez adressées du haut de l'air à la colombe qui vous implorait pour elle et pour nous : Dis-leur que je les aime et les aimerai toujours.

« Ils vous jurent eux-mêmes un respect, un amour, une reconnaissance éternels, et s'unissent à nous pour vous demander votre bénédiction. Qu'elle couronne les vœux de vos très soumis, très respectueux fils et disciples. Le frère aîné Alexandre Ter..., le 1er août 5556. »

Dans une autre lettre, les maçons lyonnais écrivent au grand cophte, absent, qu'il a paru dans leur loge, entre les prophètes Énoch et Élie. L'Inquisition a trouvé dans ses papiers plusieurs procès-verbaux des séances maçonniques, que lui avaient envoyés ses sectateurs. On rapporte dans ces procès-verbaux l'apparition de Cagliostro pendant les cérémonies du travail maçonnique, et l'on fait connaître les instructions que le maître avait données pour les travaux de la loge et pour faire apparaître l'image de Lorenza à l'évocation des pupilles ou colombes[21].

À Londres, le grand cophte fut reçu avec les plus

---

[21] Voir la *Vie de Cagliostro, d'après la procédure de l'inquisition*, p. 179-187, où sont citées deux séances de la loge de Lyon

grands honneurs. Un nombre considérable de ses fils de Lyon et de Paris vint bientôt l'y rejoindre ; ils le prièrent de tenir une loge du rite égyptien, sans doute pour leur apprentissage ; et c'est ce qu'il fit souvent dans la maison qu'il habitait.

« Il reçut, dit l'historien de l'inquisition, diverses personnes de marque et travailla avec quatre pupilles d'un rang distingué. Dans cette occasion, il lui arriva un accident singulier dont il proteste qu'il n'a jamais pu deviner la cause. Quelques hommes et femmes lui demandèrent des pouvoirs pour travailler par eux-mêmes, il les leur accorda, comme il avait fait à tant d'autres ; cependant, les travaux réussirent si mal, que les pupilles eurent une apparition de guenons, au lieu d'anges qu'elles attendaient[22]. »

Au milieu de tous ces soins, Cagliostro n'oublia pas les dernières paroles qu'il avait prononcées à Paris, de la terrasse de sa maison de la rue Saint-Claude. Ce fut à Londres, quand il vit un bras de mer entre la Bastille et lui, qu'il adressa les paroles promises. Sa fameuse Lettre au peuple français fut traduite dans la plupart des langues, et répandue avec profusion en Europe. Ce pamphlet dirigé contre la cour de Versailles, les ministres, le parlement, et contre le principe même du gouvernement monarchique, ne parut que violent à cette époque[23] ; mais, trois années après, on lui trouva un tout autre caractère. La révolution française y était prédite en termes fort clairs. En ce qui touchait la Bastille particulièrement, la prophé-

---

[22] *Vie de Cagliostro*, chap. III, p 131.
[23] La *Lettre au peuple français* est datée du 20 juin 1786.

tie, inspirée peut-être par la rancune, était on ne peut plus littérale :

« La Bastille sera détruite de fond en comble, et le sol sur lequel elle s'élève, deviendra un lieu de promenade. »

Le voyant écrivait encore :

« Il régnera en France un prince qui abolira les lettres de cachet, convoquera les États généraux et rétablira la vraie religion. »

La prophétie ne dit rien des luttes terribles par lesquelles cette révolution, nécessaire et légitime, sera trop souvent ensanglantée ; mais sur ce point, tout le monde sait que Cazotte l'illuminé a complété Cagliostro.

Nous allons enfin nous séparer de ce personnage que nous avons si longtemps suivi. Son pamphlet politique et prophétique termine sa carrière dans l'ordre des choses merveilleuses, carrière si bien remplie de phénomènes extraordinaires, que personne ne s'étonnera de la place que nous lui avons accordée dans cet ouvrage. Cagliostro réunit, en effet, presque toutes les variétés de prodiges et de faits merveilleux que nous trouvons dispersés dans la vie des divers thaumaturges, anciens et modernes. Après le charlatan devant lequel s'éclipsent tous ceux qui n'ont eu que ce titre pour briller parmi leurs contemporains ; après le grand artiste en fantasmagorie et en prestiges, nous trouvons le philosophe hermétique dont l'habileté égala, dit-on, celle de Philalèthe, du

Cosmopolite et de Lascaris[24] ; nous trouvons encore l'empirique paracelsiste, qui applique, généralement avec bonheur, certaines préparations médicinales de l'effet le plus puissant ; nous trouvons encore et surtout l'homme à la forte volonté, le grand magnétiseur, qui, à la vérité, ne parle d'aucun fluide, ne proclame jamais son art, mais ne le déguise d'ailleurs par aucun appareil, et se contente de produire des résultats, qu'on est d'autant plus forcé d'admirer que la cause en demeure inconnue. Nous insistons sur ce point, parce que c'est là, si nous ne nous trompons, que se manifeste la véritable puissance de Cagliostro. Avec un procédé si simple que personne ne l'aperçoit, il réalise toutes les applications du magnétisme connues de son temps, et quelques autres dont les spiritistes des États-Unis revendiquent aujourd'hui la découverte. Il guérit les malades par l'imposition des mains comme un apôtre, ou par un simple attouchement, comme l'exorciste Gassner. Il sait, par une suggestion toute mentale, communiquer une pensée, un désir, un ordre, et procurer une vision, aussi bien ou mieux que Puységur ne le fait à ses somnambules magnétiques, et avec cette différence bien frappante, qu'il opère sur des sujets tout éveillés, ou qui croient l'être. Il peut aussi déléguer aux personnes qui se mettent en rapport avec lui, ou qu'il lui plaît d'envelopper de son esprit, le pouvoir de commander à sa place, et de produire les mêmes phénomènes de suggestion par la vertu de la prière, ou par un pur mouvement de leur volonté. Près de Strasbourg, dans une

---

[24] Voir notre livre : *l'Alchimie et les alchimistes.*

villa délicieuse qu'il avait fait orner et qui a conservé depuis le nom de Cagliostrano, il lui arrivait souvent de faire des expériences sans le secours du miroir ni de la carafe. Dans ce cas, il plaçait la pupille derrière un paravent, qui représentait un petit temple.

« Il n'agissait pas seul, nous dit l'auteur de la *Vie de Cagliostro*, il faisait agir à son gré tous les autres. Il était cependant nécessaire qu'auparavant il leur communiquât et qu'il transférât en eux le pouvoir que, disait-il, il avait reçu de Dieu. Ceux qui ont voulu se hasarder aux travaux sans son consentement, et sans avoir reçu son pouvoir, n'ont produit aucun effet.

« Quelqu'un, soupçonnant d'abord qu'il y avait quelque intelligence entre la pupille et Cagliostro, lui marqua le désir de lui amener une enfant tout à fait neuve et qui lui serait inconnue, pour qu'il travaillât avec elle. Cagliostro consentit aussitôt à le satisfaire, ajoutant que tout ce qu'il opérait n'était qu'un effet de la grâce divine. La pupille fut donc amenée, les travaux réussirent heureusement, et même Cagliostro, pour mieux persuader, ou plutôt pour mieux aveugler le personnage, voulut que lui-même imposât les mains sur la tête de la pupille, et travaillât quelque temps avec elle, en lui faisant telles interrogations qu'il lui plairait. Les questions, tant dans cette circonstance que dans d'autres encore, tendaient à découvrir les inclinations amoureuses de différentes personnes. L'incrédule reçut toujours les réponses qu'il désirait[25]. »

L'auteur de la *Vie de Cagliostro* nous apprend encore

---

[25] *Vie de Cagliostro*, ch.III, p. 134-135.

comment les choses se pratiquaient pour les réceptions maçonniques dans les loges du rite égyptien.

« La colombe, dit-il, est conduite devant le vénérable ; les membres de la loge adressent une prière à Dieu, pour qu'il daigne permettre l'exercice du pouvoir qu'il a accordé au grand cophte. La pupille ou colombe prie pour obtenir la grâce d'opérer suivant les ordres du grand maître, et de servir de médiatrice entre lui et les esprits... »

Après quelques détails sur le costume des opérateurs et l'ornement du temple, le même historien ajoute :

« Le vénérable répète sa prière, et commence à exercer ce pouvoir qu'il dit avoir reçu du grand cophte, et par lequel il avertit les sept anges de comparaître aux yeux de la pupille.

« Quand elle annonce qu'ils paraissent, il la charge, en vertu du pouvoir que Dieu a donné au grand cophte et que le grand cophte lui a accordé, de demander à l'ange N... si le candidat a le mérite et les qualités requises pour monter au grade de maître ? Après avoir reçu la réponse affirmative, il passe à d'autres cérémonies pour achever la réception du sujet. »

Ces intermédiaires par lesquels les consultants interrogent les anges ne sont-ils pas les mêmes que, d'après les Américains, nous nommons aujourd'hui médiums ? Il y a soixante-quinze ans, on les appelait colombes ou pupilles ; mais, sous leur nom moderne, leurs fonctions n'ont aucunement changé, et la seule invention qui appartienne en propre à l'Amérique, c'est d'avoir fait transmettre la réponse des esprits par le trépignement des tables, auxquelles on a renoncé, du reste, pour s'en tenir aux réponses directes des médiums.

Dans quelques expériences de Cagliostro, notamment dans celles qu'il fit à Bordeaux, les pupilles ne voyaient pas simplement les anges ; pendant qu'elles étaient derrière le paravent, elles disaient souvent qu'elles touchaient l'objet angélique : et effectivement, on entendait un bruit au dehors, comme s'il y eût eu derrière le paravent une autre personne avec la pupille. Nous retrouverons quelque chose d'analogue à ces bruits dans les coups mystérieux frappés par les esprits, en Amérique, et plus tard en France.

Sans doute la supercherie vint souvent en aide, chez Cagliostro, au procédé de fascination qu'il savait habilement dissimuler. Sa femme a déclaré devant les juges de l'inquisition que plusieurs de ses colombes avaient été prévenues par son mari sur tout ce qu'elles avaient à répondre, et cela est arrivé au moins une fois, à Saint-Pétersbourg, où la nièce d'une comédienne, faisant fonction de pupille, vit exactement tout ce que Cagliostro lui avait commandé de voir. Cette jeune fille avoua, le soir même, qu'elle n'avait rien vu et que son rôle était préparé. Mais Lorenza a aussi déclaré devant le même tribunal, que son mari avait également réussi avec d'autres sujets qui, choisis et amenés à l'improviste, n'avaient pu opérer que par un art diabolique. Nous avons vu effectivement que, dans plusieurs expériences de Cagliostro, des sceptiques s'étaient chargés de fournir eux-mêmes les colombes, ce qui n'avait pas empêché le succès, et comme nous ne pouvons admettre l'art diabolique, il nous reste à supposer que Cagliostro possédait à un suprême degré le pouvoir de produire dans ses sujets ces perceptions illusoires qui rentrent dans le phénomène connu sous le nom d'hallucination. Selon nous, l'état d'hypnotisme, était la cause productrice des hallucinations des colombes de Cagliostro. L'hypnotisme, qui fait naître le somnambulisme artificiel et l'état désigné par M. Philips sous le nom d'état biologique, peut déterminer en même temps, des hallucinations.

« Il n'y a rien de merveilleux, dit un critique moderne, dans l'état biologique, quelque extraordinaires que puissent paraître les effets qu'il produit. Ce n'est pas autre chose que l'état de passivité ou d'enthousiasme dans lequel nos facultés, soustraites à l'empire de la volonté, subissent une domination étrangère, obéissent aux suggestions, et reçoivent une série d'impressions dépourvues de toute réalité objective ; c'est, en d'autres termes, un état hallucinatoire... Il y a nombre de prodiges qui s'expliquent par cette simple loi de notre nature morale. Dans ces séances, dont l'appareil magique exerce une puissante influence sur l'imagination et sur le système nerveux des spectateurs, il suffit que quelques personnes crient : "Voyez ! entendez !" pour que chacun croie aussi voir et entendre quelque chose, et M. de Gasparin a bien raison de dire que les médiums eux-mêmes sont les premiers à subir l'impression qu'ils imposent à la foule. Leur attention, dirigée exclusivement vers la contemplation d'un fantôme, d'une image, d'un spectre qu'ils attendent avec une foi vive, ou vers l'audition de certains bruits annoncés à l'avance, fait naître en eux l'illusion qui bientôt se communiquera à tous les assistants par une inévitable contagion. Ainsi, le médium se trompe lui-même, en même temps qu'il trompe les autres, et il se trompe d'autant plus facilement qu'il a une foi plus grande dans la réalité des phénomènes attendus, et que son organisation physique se prête davantage à l'illusion[26]. »

Cela est fort bien dit ; pour notre part, nous acceptons volontiers une explication qui appuie la conjecture la plus raisonnable. Il reste seulement à rendre compte des hallucinations collectives déterminées, à grande distance, par un individu qui peut même conférer à d'autres le pouvoir de les déterminer en son nom et en son absence. Rien de plus authentique et de plus spontané que ces relations saisies dans les papiers de Cagliostro, et où les maçons lyonnais le remercient, dans les termes qu'on a lus, de son apparition dans leur temple. Or, au moment où ils le voyaient et l'entendaient ainsi, le grand cophte, magnétiseur et ventriloque, était à Londres ; son buste seul, un beau buste en marbre, le représentait dans ce temple magnifique érigé pour l'exercice de la maçonnerie égyptienne. Les hallucinations étaient produites dans ce cas par la seule concentration de la pensée chez ces individus, contention morale qui, selon nous, suffisait à produire l'état hypnotique ou magnétique, et les hallucinations qui accompagnent cet état.

---

[26] Adrien Delondre, *Revue contemporaine*, numéro du 30 juin 1857.

Pour compléter cette grande figure de Cagliostro, quelques-uns ont voulu voir en lui un homme politique faisant une active propagande en faveur de la révolution française, qu'il a prédite. Ils basent cette opinion sur ce que Barrère, Grégoire, Joseph d'Orléans et plusieurs autres, qui devinrent plus tard membres du club des Jacobins, étaient des frères de la loge mère que Cagliostro avait fondée à Paris. Ils veulent encore que le monogramme L. P. D., qui était son symbole maçonnique, signifie *Lilia pedibus destrue* (foule aux pieds les lis). Il est certain que dans un passage de sa Lettre au peuple anglais, où il parle de sa Lettre au peuple français, Cagliostro dit avoir écrit cette lettre « avec une franchise peut-être un peu républicaine ». Il est certain encore qu'après la prise de la Bastille il écrivit et adressa de Rome aux États généraux une lettre où, en leur demandant l'autorisation de retourner en France, il dit, entre autres choses, « qu'il est celui qui a pris tant d'intérêt à leur liberté[27] ». Mais ces mots ne sont peut-être qu'une allusion à sa Lettre au peuple français. Du reste, sa pétition aux États généraux de France ne parvint jamais à son adresse, et comme le peu que nous venons de citer de son contenu est emprunté à son biographe romain, nous devons croire qu'elle avait été interceptée par la police pontificale, ce qui ne dut pas mettre Cagliostro en odeur de sainteté devant l'inquisition.

Il fit une grande faute en quittant l'Angleterre pour aller se fixer à Rome. Malgré l'assurance que lui

---

[27] *Vie de Cagliostro*, ch. 1, p. 68.

avaient donnée à cet égard les paroles du nègre gardien de son enfance, il avait plus à se méfier de Rome que de Trébizonde. Il aggrava cette faute, s'il est vrai qu'il s'y occupa de politique révolutionnaire. Mais la véritable témérité qui le perdit, ce fut d'oser propager les principes de la franc-maçonnerie dans la capitale du monde catholique. Malgré les prudents conseils de Lorenza, qui l'avait rejoint à Rome, il s'obstina dans son dessein, et fonda une loge du rite égyptien. Il n'y eut que trois réceptions de faites, et parmi ces trois adeptes il se trouva un faux frère.

Dénoncé par cet espion, Cagliostro fut arrêté, dans la soirée du 27 septembre 1789, par ordre du saint-office, et décrété d'accusation. Ses papiers, y compris le manuscrit intitulé Maçonnerie égyptienne, furent saisis et mis sous les scellés, et l'on procéda à l'instruction de son procès ; la procédure dura dix-huit mois.

Cagliostro était un homme pendable à beaucoup de titres, si l'on veut avoir égard à tous les bons et à tous les mauvais tours qu'il a joués dans la première moitié de sa carrière. Mais il ne pouvait être poursuivi à Rome pour aucun de ces délits ou de ces crimes, car la plupart avaient été commis dans des États étrangers, et les autres étaient couverts par la prescription. Si la procédure de l'inquisition romaine les ramassa et les amplifia, ce fut évidemment pour affaiblir l'intérêt qui, dans le siècle de l'Encyclopédie, devait se porter de toutes parts sur un homme qu'on allait frapper comme franc-maçon et comme magicien. Ce n'est, en effet, qu'en ces qualités seules que Cagliostro fut condamné. À la vérité, la législation papale était positive et formelle sur ces deux chefs, mais elle n'en était pas moins absurde et barbare[28].

Le 21 mars 1791, la cause, si longuement instruite, fut enfin portée à l'assemblée générale du saint-office, et, conformément à l'usage, devant le pape le 7 avril suivant. Le jugement dit consultatif fut rendu ; il portait la peine de mort. Le pape, à qui était réservé le jugement définitif, le prononça en ces termes :

« Joseph Balsamo, atteint et convaincu de plusieurs délits, et d'avoir encouru les censures et peines prononcées contre les hérétiques formels, les dogmatisants, les hérésiarques, les maîtres et disciples de la magie superstitieuse, tant par les lois apostoliques de Clément XII et de Benoît XIV contre ceux qui, de quelque manière que ce soit, favorisent et forment des sociétés et conventicules de francs-maçons, que par l'édit du conseil d'État porté contre ceux qui se

---

[28] C'est le pape Clément XII qui avait rendu, le 14 janvier 1739, la bulle qui « défend sous peine de mort, sans aucune espérance de pardon, de ne faire affilier ou d'assister aux assemblées des francs-maçons, assemblées pernicieuses et très suspectes d'hérésies ou de séditions ». Cette bulle condamne à la même peine « tous ceux qui engageraient ou solliciteraient quelqu'un à entrer dans la même société, ou qui lui prêteraient aide, secours, conseil ou retraite ». Enfin, elle impose « l'obligation de révéler » les noms des membres de cette société, et elle menace de peines corporelles et pécuniaires, à la discrétion des juges, les transgresseurs de cette dernière ordonnance. Benoît XIV confirma cette bulle de Clément XII, la publia de nouveau, et lui donna plus d'extension encore dans sa Constitution datée du 18 mai 1751, et qui commence par ces mots : *Providas romanorum pontificum. (Vie de Cagliostro, extraite de la procédure instruite contre lui à Rome, p. 85-87.)*

rendent coupables de ce crime à Rome ou dans aucun autre lieu de la domination pontificale. Cependant, à titre de grâce spéciale, la peine qui livre le coupable au bras séculier est commuée en prison perpétuelle dans une forteresse, où il sera étroitement gardé, sans espoir de grâce; et, après qu'il aura fait l'abjuration comme hérétique formel dans le lieu actuel de sa détention, il sera absous des censures, et on lui prescrira les pénitences salutaires auxquelles il devra se soumettre. »

Ces pénitences, ou ces tortures, durent être cruelles dans le château Saint-Ange, où Cagliostro fut renfermé. De peur que le peuple, au milieu duquel il avait des partisans secrets, ne se prît de pitié pour lui, on faisait courir le bruit qu'il avait voulu brûler Rome, comme Néron. Quelquefois on le représentait comme un fou furieux dont l'état commandait les précautions et les mesures les plus sévères. Voici, à ce propos, une anecdote que nous trouvons citée sans autorité dans une compilation récente[29] :

« Un jour, on le surprit occupé à étrangler un bon prêtre, qu'il avait demandé sous prétexte de se confesser, et sous les habits duquel il méditait son évasion. On arriva assez tôt pour empêcher la consommation de ce nouveau forfait; et, depuis, l'ami des anges fut surveillé avec grand soin. »

C'est le cas de dire : Qui veut noyer son chien, l'accuse de la rage.

Lorenza fut traitée avec moins d'inhumanité : on se

---

[29] *Dictionnaire des sciences occultes*, t. II, art. Cagliostro.

borna à l'enfermer dans une maison de pénitence. Il paraît qu'elle était belle encore, et on voulut lui tenir compte du repentir qu'elle avait témoigné, mais surtout de ses aveux, qui avaient puissamment contribué à la condamnation de son mari. Celui-ci vécut environ deux ans dans sa prison. La date précise de sa mort est encore le secret de l'inquisition romaine, dont cette longue affaire marqua les derniers actes et les derniers jours. Le saint-office livra aux flammes les hardes et les papiers de Cagliostro et « le peuple de Rome, dit André Delrieu, qui se serait prosterné devant le plus petit de ses miracles, hurla triomphalement autour du bûcher qui consumait ses débris ».

Il était temps. La révolution française était un fait accompli. Débordant sur l'Italie, elle allait bientôt battre les murs de la ville éternelle et du château Saint-Ange. Plusieurs officiers des premiers bataillons qu'elle poussa vers Rome, étaient à peine entrés dans la ville, qu'ils s'enquirent avec anxiété du sort de Cagliostro. Ils pensaient à le délivrer, et peut-être même lui préparaient-ils un triomphe digne de celui qui lui avait été décerné dans Paris après l'affaire du collier. Mais ils arrivaient trop tard ; Cagliostro, leur dit-on, venait de mourir. De quelle mort et à quel moment ? C'est ce que nul n'a jamais pu dire. À cette nouvelle, nos officiers comprirent qu'il n'y avait aucune comparaison à faire entre un ci-devant parlement de France et le tribunal de l'inquisition romaine, et sans regretter la Bastille détruite, ils ne purent s'empêcher de reconnaître qu'elle rendait encore plus facilement sa proie que le château Saint-Ange.

CHAPITRE VII

L'ILLUMINISME EN FRANCE APRÈS CAGLIOSTRO
ET MESMER — LES PROPHÉTIES POLITIQUES — LE
P. BEAUREGARD — LA PROPHÉTIE DE M. DE LILLE,
OU LA PROPHÉTIE TURGOTINE — LA PROPHÉTIE
DE CAZOTTE

Si nous nous sommes étendu sur l'histoire de Cagliostro, c'est que l'on trouve, comme nous l'avons dit, réalisés dans les actes de ce personnage fameux la plupart des prodiges que notre époque a vus resplendir. Les miroirs magiques de Joseph Balsamo reparaîtront, de nos jours, dans les phénomènes de l'hypnotisme du docteur Braid et du biologisme du docteur Philips, sans que l'on puisse noter aucune différence bien appréciable entre ces deux modes d'influence de la volonté d'un homme sur des sujets dociles et soumis. Les pupilles de Cagliostro renaîtront à nos yeux dans ces médiums qui, sortis de l'Amérique, inonderont l'Europe, et l'on pourra se convaincre que la plupart des phénomènes que les spiritistes nous convient à admirer, ne sont qu'une nouvelle édition des opérations et des pratiques qui étaient familières à l'aventureux époux de Lorenza Feliciani. Mais dans tout cela nous ne reconnaîtrons que la puissante action de la volonté, traduite par des phénomènes qui n'ont de surnaturel que l'apparence.

On a vu à quel degré Cagliostro avait remué les esprits en France, et quelle influence il dut exercer pour les diriger vers les voies dangereuses et stériles de l'illuminisme. À la même époque, Mesmer ou ses successeurs continuaient d'étonner l'imagination populaire par des résultats alors inexplicables pour la masse des intelligences. Un tel concours d'influences devait singulièrement accroître la disposition naturelle à l'homme, c'est-à-dire l'amour, on pourrait dire, le culte du merveilleux, et nous avons à raconter maintenant les événements et les résultats qui furent la suite de ces dispositions générales si fortement entretenues.

L'exaltation nerveuse à laquelle des individus ou des populations sont en proie prend presque toujours le caractère des idées qui occupent le plus les esprits. Or, l'idée politique étant celle qui agitait toutes les têtes dans les dernières années du dix-huitième siècle, l'exaltation produite par les prodiges de Cagliostro et par le magnétisme animal prit souvent le caractère de la prophétie politique. Il est certain que des phénomènes d'intuition très fréquents et assez remarquables, tous relatifs à l'annonce d'une prochaine révolution politique ou sociale, se manifestèrent à la fin du siècle dernier. On ne peut nier qu'à cette époque plusieurs voix n'aient prédit la révolution française, et souvent avec une certaine précision dans les circonstances. Nous avons cité, à la fin du chapitre précédent, la fameuse Lettre de Cagliostro au peuple français. Dans un sermon prononcé à Notre-Dame par le P. Beauregard, cet orateur inspiré s'écriait vers la même époque : « Oui, Seigneur, vos temples seront dépouillés et détruits, vos fêtes abolies, votre nom blasphémé, votre culte proscrit. Aux saints cantiques qui faisaient retentir les voûtes sacrées en votre honneur, succéderont des chants lubriques et profanes ? Et toi, divinité infâme du paganisme, impudique Vénus, tu viens ici même prendre audacieusement la place du Dieu vivant, t'asseoir sur le trône du Saint des saints, et recevoir l'encens coupable de tes nouveaux adorateurs. »

Plus tard, le même prédicateur, prêchant dans la chapelle de Versailles, aux offices du carême, annonçait encore, en présence de la cour, cette terrible tempête sociale qui allait bouleverser, et en même temps régénérer la France.

Et les voix de Cagliostro et du P. Beauregard n'étaient point solitaires.

En Normandie, une somnambule avait exactement prédit, non seulement la révolution française, mais les quatre phases principales par lesquelles elle a passé[30].

En 1784, une personne du Périgord, nommée Suzanne Labrousse, entra un jour dans la chapelle du séminaire diocésain. Là, s'étant jetée au pied de la croix, elle annonça les États généraux, indiquant avec précision l'époque de leur convocation ; et depuis ce moment, elle alla tous les matins, jusqu'à l'ouverture de cette assemblée, réciter un Ave Maria dans les couvents de Périgueux.

À la suite d'un souper où l'on avait fait de copieuses libations, un jeune officier au régiment de Champagne, M. de Lille, se leva tout à coup, comme saisi

---

[30] Voir les articles philosophiques d'Hoffmann, dans le *Journal des Débats* du mois de décembre 1814.

d'une fureur prophétique, et alla griffonner dans sa chambre une chanson que l'abbé Georget rapporte tout au long, et dont nous citerons seulement quelques couplets :

> On verra tous les États
> Entre eux se confondre ;
> Les pauvres sur leurs grabats
> Ne plus se morfondre.
> Des biens on fera des lots
> Qui rendront les gens égaux.
> Le bel œuf à pondre,
> O gai !
> Le bel œuf à pondre !
>
> Du même pas marcheront
> Noblesse et roture ;
> Les Français retourneront
> Au droit de nature.
> Adieu, parlements et lois ;
> Adieu, ducs, princes et rois !
> La bonne aventure,
> O gai !
> La bonne aventure !
>
> Puis, devenus vertueux
> Par philosophie,
> Les Français auront des dieux
> À leur fantaisie.
> Nous reverrons un oignon
> À Jésus damer le pion.
> Ah ! quelle harmonie,
> O gai !

Ah ! quelle harmonie !

À qui devrons-nous le plus ?
C'est à notre maître,
Qui, se croyant un abus,
Ne voudra plus l'être.
Ah ! qu'il faut aimer le bien
Pour de roi n'être plus rien !
J'enverrais tout paître,
O gai !
J'enverrais tout paître !

Voilà ce qui se chantait à Paris sous le nom de prophétie turgotine, dès les premiers temps des crises magnétiques provoquées par Mesmer, et avant même que ses élèves eussent fondé la première loge d'harmonie.

Mais ce qui est plus frappant que tout ce qu'on vient de lire, c'est la vision de Cazotte et la prédiction qu'il fit tout éveillé, au milieu d'un cercle de philosophes et de beaux esprits. Voici le récit que La Harpe nous a laissé de cette étrange scène.

« Il me semble, dit La Harpe, que c'était hier ; on se trouvait au commencement de 1788 ; nous étions à table chez un de nos confrères à l'Académie, grand seigneur et homme d'esprit[31]. La compagnie était nombreuse et de tout état : gens de cour, gens de robe, gens de lettres, académiciens, etc. On avait fait bonne chère, comme de coutume. Au dessert, les vins de Malvoisie et de Constance ajoutaient à la gaieté de la

---

[31] Le duc de Nivernais.

bonne compagnie cette sorte de liberté qui n'en gardait pas toujours le ton. On en était venu alors, dans le monde, au point où tout est permis pour faire rire. Chamfort nous avait lu ses contes impies et libertins, et les grandes dames avaient écouté, sans même avoir eu recours à l'éventail. De là un déluge de plaisanteries sur la religion : l'un, citait une tirade de la Pucelle ; l'autre rappelait les vers philosophiques de Diderot ; tout le monde riait, tous applaudissaient aux lumières que la philosophie répandait sur toutes les classes et qui allaient bientôt opérer une révolution et amener le règne de la liberté en France.

Un seul convive n'avait point pris part à cette joie générale, et avait même laissé tomber tout doucement quelques plaisanteries : c'était Cazotte, homme aimable et original.

Il prend la parole, et du ton le plus sérieux :

— Messieurs, soyez satisfaits : vous verrez tous cette grande et sublime révolution que vous désirez tant. Vous savez que je suis un peu prophète ; je vous le répète, vous la verrez.

On lui répond par ce refrain connu : Faut pas être grand sorcier pour cela.

— Soit ; mais il faut l'être un peu pour ce qui me reste à vous dire. Savez-vous ce qui arrivera à cette révolution, ce qui en arrivera pour vous tous qui êtes ici, et ce qui en sera la suite immédiate, l'effet bien prouvé, la conséquence bien reconnue ?

— Ah ! voyons, dit Condorcet avec son air sournois et niais ; un philosophe n'est pas fâché de rencontrer un prophète.

—Vous, monsieur de Condorcet, vous expirerez sur le pavé d'un cachot ; vous mourrez du poison que vous aurez pris pour vous dérober au bourreau, du poison que le bonheur de ce temps-là vous obligera de porter toujours sur vous.

Grand étonnement d'abord ; mais on se rappelle que le bon Cazotte est sujet à rêver tout éveillé, et l'on rit de plus belle.

—Monsieur Cazotte, le conte que vous nous faites là n'est pas aussi plaisant que votre Diable amoureux. Mais quel diable vous a mis en tête ce cachot, ce poison, ces bourreaux ? Qu'est-ce que cela peut avoir de commun avec la philosophie, avec le règne de la raison ?

—C'est précisément ce que je vous dis ; c'est au nom de la philosophie, de l'humanité, de la liberté, c'est sous le règne de la Raison qu'il vous arrivera de finir ainsi, et ce sera bien le règne de la Raison, car elle aura des temples, et même il n'y aura plus, dans toute la France, en ce temps-là, que des temples de la Raison.

—Par ma foi, dit Chamfort avec le rire du sarcasme, vous ne seriez pas un des prêtres de ce temple-là.

—Je l'espère ; mais vous, monsieur Chamfort, qui en serez un, et très digne de l'être, vous vous couperez les veines de vingt-deux coups de rasoir, et pourtant vous n'en mourrez que quelques mois après.

On se regarde et on rit encore.

—Vous, monsieur Vicq-d'Azyr, vous ne vous ouvrirez pas les veines vous-même ; mais, après vous les être fait ouvrir dix fois dans un jour à la suite d'un accès de goutte, pour être plus sûr de votre fait, vous mourrez la nuit. Vous, monsieur de Nicolaï, vous mourrez sur l'échafaud. Vous, monsieur Bailly, sur l'échafaud.

—Ah ! Dieu sait béni, dit Roucher, il paraît que M. Cazotte n'en veut qu'aux académiciens ; il vient d'en faire une terrible exécution ; et moi, grâce au ciel...

—Vous, monsieur Roucher, vous mourrez aussi sur l'échafaud.

—Oh ! c'est une gageure, s'écrie-t-on de toutes parts ; il a juré de nous exterminer tous.

—Non, ce n'est pas moi qui l'ai juré.

—Mais nous serons donc subjugués par les Turcs, par les Tartares ?... Encore...

—Point du tout ; je vous l'ai dit, vous serez alors gouvernés par la seule Raison. Ceux qui vous traiteront ainsi seront tous des philosophes, auront à tous moments dans la bouche les mêmes phrases que vous débitez depuis une heure, répéteront toutes vos maximes, citeront, comme vous, les vers de Diderot et de la Pucelle...

On se disait à l'oreille : Vous voyez bien qu'il est fou (car il gardait le plus grand sérieux) ; est-ce que vous ne voyez pas qu'il plaisante ? et vous savez qu'il entre toujours du merveilleux dans ses plaisanteries.

—Oui, reprit Chamfort ; mais son merveilleux n'est pas gai ; il est par trop patibulaire. Et quand cela arrivera-t-il, monsieur Cazotte ?

— Six ans ne se passeront pas sans que tout ce que je vous prédis ne soit accompli.

— Voilà bien des miracles, dis-je ; heureusement que vous ne m'y mettez pour rien.

— Vous y serez pour un miracle, monsieur La Harpe, et un miracle tout au moins aussi extraordinaire, répliqua Cazotte : vous deviendrez chrétien.

Grandes exclamations dans la société.

— Ah ! reprit Chamfort, je suis rassuré : si nous ne devons périr que lorsque La Harpe sera chrétien, nous sommes immortels.

— Pour ça, dit alors Mme de Grammont, nous sommes bienheureuses, nous autres femmes, de n'être pour rien dans les révolutions ; quand je dis pour rien, ce n'est pas que nous ne nous en mêlions toujours un peu, mais il est reçu qu'on ne s'en prend jamais à nous : notre sexe...

— Votre sexe, madame, ne vous défendra point cette fois ; et vous aurez beau ne vous mêler de rien, vous serez traitées comme les hommes, sans aucune différence.

— Mais qu'est-ce que vous dites donc, monsieur Cazotte ? c'est la fin du monde que vous prêchez.

— Je n'en sais rien ; mais ce que je sais, c'est que vous, madame la duchesse, vous serez conduite à l'échafaud, et beaucoup d'autres dames avec vous, dans la charrette du bourreau, avec les mains liées derrière le dos.

— Ah ? j'espère que, dans ce cas, j'aurai au moins un carrosse drapé de noir.

—Non, madame : de plus grandes dames que vous iront, comme vous, en charrette et les mains liées comme vous.

—De plus grandes dames... des princesses du sang, peut-être ?

—De plus grandes dames encore.

Ici un mouvement très sensible se fit dans la compagnie, et la figure du maître de la maison se rembrunit : on commençait à trouver que la plaisanterie était trop forte. Mme de Grammont, pour dissiper le nuage, n'insista point sur cette dernière réponse, et se contenta de dire du ton le plus léger :

—Vous verrez qu'il ne me laissera pas même un confesseur.

—Non, madame, vous n'en aurez point, ni personne ; le dernier supplicié qui en aura un par grâce sera...

Il s'arrêta ici un moment.

—Eh bien ! quel sera l'heureux mortel qui aura cette prérogative ?

—C'est la seule qui lui restera : ce sera le roi de France.

Le maître de la maison se leva brusquement et tout le monde avec lui ; il alla vers Cazotte, et lui dit d'un ton pénétré :

—Mon cher Carotte, c'est assez faire durer cette plaisanterie lugubre ; vous la poussez trop loin et jusqu'à compromettre la société où vous êtes vous-même.

Cazotte ne répondit rien et se disposait à se retirer, quand Mme de Grammont, qui voulait éviter le sérieux et ranimer la gaieté, s'avança vers lui :

— Monsieur le prophète, qui nous dites à tous notre bonne aventure, vous ne dites rien de la vôtre ?

Cazotte resta quelque temps silencieux et les yeux baissés.

— Madame, avez-vous lu le siège de Jérusalem dans Josèphe ?

— Oui, sans doute ; qui n'a pas lu cela ? Mais faites comme si je ne l'avais pas lu.

— Eh bien, madame, pendant ce siège, un homme fit sept jours de suite le tour des remparts à la vue des assiégeants et des assiégés, criant sans cesse d'une voix sinistre et tonnante : Malheur à Jérusalem, malheur à moi-même ! Et le septième jour, au moment où il achevait sa lamentation, une pierre énorme, lancée par les machines ennemies, l'atteignit et le mit en pièces.

À ces mots, Cazotte fit la révérence et sortit. »

Toutes ces prédictions s'accomplirent. On dira peut-être qu'elles n'ont été faites que parce qu'elles se sont accomplies. Expliquons-nous. Le chapitre de La Harpe que l'on vient de lire ne se trouve que dans ses Œuvres posthumes[32], imprimées en 1806, trois ans après la mort de l'auteur. Il n'a donc pas le caractère d'authenticité, qui seul pourrait commander la foi. La Harpe a survécu assez à la révolution pour pouvoir déclamer frénétiquement contre elle dans sa chaire du Lycée ; il aurait donc pu, converti comme

---

[32] Tome I.

il était, aussi bien en religion qu'en politique, et tout glorieux de sa double conversion, publier lui-même, sous sa garantie personnelle, l'oracle qu'il était fier d'avoir accompli pour sa part. Puisqu'il n'a pas jugé à propos de le faire à l'époque où son récit pouvait être contrôlé par plusieurs convives du duc de Nivernais, échappés comme lui au minotaure de la révolution, puisqu'il a réservé la publication de la prophétie de Cazotte pour ses œuvres posthumes, il est raisonnable de supposer qu'il s'était réservé de broder tout à son aise sur ce récit.

Il est pourtant difficile de croire que toute cette histoire ait été inventée par La Harpe ; il faudrait, pour cela, récuser beaucoup de témoignages d'un grand poids, entre autres, ceux de Mme de Beauharnais, de Deleuze et des membres de la famille de Vicq-d'Azyr. On peut donc admettre que Cazotte, homme d'observation et d'intelligence, habitué à suivre les événements présents pour en déduire les événements futurs, un jour qu'il se trouvait excité par les sarcasmes des beaux esprits sceptiques qui l'entouraient, leur annonça, d'un ton d'autorité, une catastrophe qui devait alors lui sembler fort probable. Dans ses prévisions il rencontra plus juste qu'il ne le pensait, et surtout qu'il ne le voulait ; car il fut lui-même une des victimes de la révolution. Mais les partisans du surnaturel ne l'entendent pas ainsi ; ils se fondent sur le mysticisme de Cazotte pour revendiquer sa prophétie comme un des plus étonnants phénomènes de seconde vue. Cazotte appartenait, en effet, à la secte des illuminés de Lyon, ville où déjà les fluides se transformaient en esprits, et où les esprits faisaient incontinent des miracles. Nous avons vu que le magnétisme animal n'avait pas plus tôt pénétré à Lyon qu'il prenait, chez le chevalier de Barbarin et ses disciples, la forme d'une âme, d'une âme voyant et guérissant à des lieues de distance, par le seul mouvement de la volonté et de la prière[33]. C'est dans la même ville qu'une autre secte d'illuminés érigea, il y a peu d'années, à Cagliostro, un temple superbe, où les prophètes évoqués en son nom sont forcés d'apparaître. Lyon, avec ses lieux hauts, la croupe de la Croix-Rousse et les sommets de Fourvières, représente très bien ce que les spiritistes et M. de Mirville appellent un lieu fatidique. On se souvient qu'un peu avant le siège de cette ville, en 1790, la cataleptique du docteur Petetin en avait prédit le jour et les circonstances les plus terribles, et qu'au plus fort de la bataille décisive elle déclara voir très clairement le docteur s'exposant dans la mêlée, ce qui fut reconnu très exact. Or, Cazotte, qui avait respiré les émanations fatidiques de ce lieu, et surtout l'esprit des voyants qui l'habitaient, ne pouvait avoir pris ailleurs la faculté de prédire, avec tant de précision dans les détails, les sanglantes crises de la révolution française.

Ainsi raisonnent les spiritualistes contre les philosophes; Cazotte est leur Jérémie. Mais les magnétiseurs, au nom du somnambulisme, leur disputent aussi sa prophétie, qui vaut certainement la peine d'être disputée.

Pendant qu'on était à la recherche de phrases

---

[33] Voir *Mesmer et le Magnétisme animal.*

annonçant, d'une façon plus ou moins claire, la révolution française, quelques dévots de l'illuminisme parvinrent, en remontant le cours des âges, à en trouver une dans Nostradamus qui leur fit grand plaisir. Le prophète du seizième siècle serait bien incomplet dans ses prédictions s'il n'avait pas dit un mot sur un aussi grave événement que la révolution française. Or, ce mot, le voici :

« Persécution chrétienne en l'an mil sept cent nonante deux, que l'on cuidera (croira) être une rénovation du siècle. »

C'est bien précisément en cette année 1792, le 22 septembre, que commença une ère nouvelle en France, l'ère de la république.

* * *

Table des matières